DRA. BLANCA QUIÑONES

MANUAL ESPIRITUAL

Las enseñanzas de Dra. Quiñones

Autora: Dra. Blanca Quiñones
Compilación y Edición: Lic. Olga Tania Albelo
Editora, diseño de portada e interiores, formación y corrección:
Lic. Sandra Cisneros Reyes
2024

MANUAL ESPIRITUAL: Las enseñanzas de Dra. Quiñones
Copyright © 2024 por la Dra. Blanca Quiñones

Todos los derechos reservados. Ninguna parte de este libro puede ser reproducida, distribuida, transmitida o utilizada en ninguna forma o por ningún medio sin el permiso previo por escrito del propietario de los derechos de autor, excepto para el uso de citas breves en una reseña de un libro y ciertos otros usos no comerciales permitidos por la ley de derechos de autor.
Para solicitar permiso, comuníquese con el editor a: spiritualworldpublishing@gmail.com

Tapa blanda: ISBN 979-8-9899052-0-1, 979-8-9899052-2-5, 979-8-9920973-0-6
Libro electrónico: ISBN 979-8-9899052-1-8, 979-8-9920973-1-3

Los derechos de autor están registrados en la Biblioteca del Congreso de Estados Unidos de América

Descargo de responsabilidad: El autor ha estudiado cuidadosamente el contenido de este libro. Sin embargo, ni el autor, ni el editor, ni ningún distribuidor o minorista asumen ninguna responsabilidad por el uso de la información contenida en este libro. Además, ni el autor, ni el editor, ni ningún distribuidor o minorista asumen ninguna responsabilidad por errores, inexactitudes, tergiversaciones y otros que puedan encontrarse en este libro.

Primera edición de bolsillo: enero de 2024
Primera edición de libro electrónico: enero de 2024
Editado por Lic. Sandra Cisneros Reyes
Portada de la Dra. Blanca Quiñones y Lic. Sandra Cisneros Reyes
Diseño del libro de Lic. Sandra Cisneros Reyes
Impreso en Estados Unidos de América

Spiritual World Publishing
B QUINONES LLC
500 N. Rainbow Blvd. Suite 300
Las Vegas, NV 89107
Estados Unidos
www.spiritualworldpublishing.com
Teléfono: (702) 538-2785
En coordinación con Spiritual Vision TV:
www.spiritualvisiontv.com

MANUAL ESPIRITUAL

Las enseñanzas de Dra. Quiñones

DRA. BLANCA QUIÑONES

SPIRITUAL WORLD PUBLISHING
BQUINONES, LLC
500 N RAINBOW BLVD, SUITE 300,
LAS VEGAS, NV 89107

Contenido

DEDICACIÓN	5
MENSAJE DE LOS ÁNGELES PARA TODOS LOS LECTORES	6
INTRODUCCIÓN	7
ANGELOLOGÍA: CONOCIENDO EL MUNDO DE LOS ÁNGELES	10
¿Qué es la Angelología?	10
Los Ángeles	13
Fuentes de información Angelológica	15
La Filosofía Acerca de los Ángeles en Diferentes Religiones	16
Los Ángeles en las religiones de la antigüedad	17
Las religiones modernas y los Ángeles	21
Clasificación de los Ángeles en la Biblia	22
¿Cómo son los Ángeles generalmente hablando?	25
¿Cuáles son los atributos de los Ángeles?	28
Nueve coros de Ángeles	28
Orden de Ángeles	29
Los 15 Arcángeles más conocidos en la Historia (En orden alfabético de la Nueva Era)	31
Ángeles y Arcángeles en los libros sagrados	39
¿Cuántos Arcángeles existen?	42
¿Qué es el Árbol de la Vida?	51
Los 72 Ángeles Guardianes De La Cábala	54
La Angelología de acuerdo con la comunidad Esenia	57
Rituales en la Historia de los Ángeles	64
CANALIZACIÓN ANGELICAL: ESCUCHANDO LA VOZ DE DIOS A TRAVÉS DE SUS ÁNGELES	72
Coro de Ángeles	72
El Ángel de la guarda	73
¿Cómo podemos saber su nombre?	*74*
Conectando con nuestro Ángel de la guarda.	*75*

Los Arcángeles 76
¿Cuántos Arcángeles existen?..................................... 79
La comunicación con los Arcángeles...........................80
¿Cómo hacer una canalización? 90
Psíquicos/Canalizadores... 91
Oráculos y Tarots Angelicales para dar mensajes 92

ORACIÓN: ENTRANDO AL MUNDO DE LA SANACIÓN CON ÁNGELES 102

SANACIÓN ANGELICAL: TERAPIA DE SANACIÓN CON ÁNGELES Y SERES DE LUZ 104

¿Cómo comenzar una sanación? 104
Proceso de sanación 105
Cortando cordones o lazos etéricos 108
Sanación de ataques psíquicos 113
¿Qué son votos de vidas pasadas? - ¿Cómo se sanan? 116
Limpiando las energías negativas, en nosotros y lugares 119
¿Cuál es el propósito de los trabajadores de la luz? 119
Anexo 123

MEDIUMNIDAD/ESPIRITISMO: ENTRANDO AL MUNDO DE LOS ESPÍRITUS.. 125

Introducción.. 125
¿Qué es ser espiritista/médium/psíquico? 125
Historia de la mediumnidad 127
¿Qué es el espíritu?..127
¿Qué es ser médium? 128
Las órdenes principales de los espíritus.................... 132
Propiedades de los espíritus 139
Centros Vitales del periespíritu 141
Tipos de mediumnidad... 145
¿Cómo pedir ayuda a Dios? 150
Mediumnidad, Seres que han Trascendido la Muerte Física: Ángeles y Guías Espirituales.. 152
¿Cómo hacer una mediumnidad para nosotros mismos? 156
Preocupaciones de las personas acerca de hablar con los Espíritus 159
Guías espirituales de personas adoptadas 160
Preguntas más comunes en una mediumnidad 161
¿Cuándo los guías espirituales actúan en nuestras vidas? 164
¿Cómo nos ven los espíritus? 165

¿Todos nos podemos comunicar con nuestros Seres queridos que ya trascendieron? *166*
Mi historia con los espíritus 167
¿Qué aprecia el mundo espiritual de nosotros en una mediumnidad? 171
¿Cómo hacer una mediumnidad? 171
¿Cómo se pueden deshacer los bloqueos en los médiums? 187
Trabajadores de la luz: Propósito 193
Consejos para los médiums 196

ORACIÓN A DIOS Y SUS ÁNGELES 198
DESPEDIDA 199
AGRADECIMIENTOS 202
OPINIONES SOBRE DRA. BLANCA QUIÑONES 204
BIBLIOGRAFÍA 207

Dedicación

Para mi madre Blanca Avilés, que ha sido mi guía desde mi nacimiento, durante su vida terrenal y después de su violenta y pronta transición. Su espíritu sigue acompañándome, me ha mostrado lo que significan las diferentes dimensiones en el plano espiritual. A ella, mi amor, respeto y agradecimiento.

Mensaje de los Ángeles para todos los lectores

"Tu vida está llena de las bendiciones que el mundo espiritual te ofrece.
Eres un Ser bendito desde el momento de tu creación y Dios nunca te ha limitado.
Tienes todo para ser feliz, mira a tu alrededor, estás rodeado de las maravillas creadas por tu Padre para llamar tu atención y desapegarte del ego.
Las bendiciones caen sobre ti como miles de pétalos de flores, son lirios blancos que crecen y se multiplican, son paisajes que se abren en tu mente para ser plasmados en el libro de tu vida.
Usa los dones y tu creatividad que tus Ángeles te estamos entregando como el regalo que tú no has querido ver y nosotros te lo estamos recordando.
Recibe tus dones con gozo en el corazón y da gracias por ser un bendito hijo de Dios, que puede establecer una comunicación amorosa con Los Reinos Celestiales de donde perteneces. Los Ángeles del Señor te acompañan y te guían hoy y siempre".

Introducción

Ya era hora de invitarles a recorrer este camino de santidad que es maravilloso, juntas y juntos; voy a compartirles mis conocimientos, mis vivencias y mi amor incondicional al Padre en cada uno de los apartados que conforman este regalo de amor a cada uno de ustedes.

Recorreremos el Mundo de los Ángeles, Arcángeles, y Seres de luz, las posibilidades de comunicarnos con ellos y con los Seres espirituales. Descubriremos la belleza de la Angelología, la sanidad o sanación con la luz universal, para finalmente develar los conocimientos de la mediumnidad, siempre en compañía de nuestros Ángeles guardianes y Seres de luz. Este es un manual donde ustedes van a poder aprender a tener esa comunicación espiritual, si permiten ser guiados por el Espíritu Santo.

Pero antes de sumergirnos en el mundo espiritual, quiero que conozcan un poco de mi vida, la vida de Dra. Blanca Quiñones. Soy hija de un agricultor salvadoreño, un hombre de fe en Dios y en los Ángeles. Crecí teniendo una relación cercana con Dios, el Espíritu Santo y los Ángeles.

De niña sobreviví al cáncer de huesos y la sangrienta guerra civil en El Salvador, que acabó con la vida de mi madre, familiares y amigos. Salí huyendo de El Salvador para salvar mi vida cuando era casi una niña. Llegué a los Estados Unidos y comencé a trabajar como todo migrante, sufrí el choque cultural, trabajé mucho para salir adelante, lo cual no fue fácil. Siempre pensé que se podía vivir mejor y eso me impulso a estudiar. Después de terminar mis estudios, ejercí como psicóloga registrada en California durante muchos años. Trabajé como trabajadora social y como maestra. He escrito cientos de informes psicológicos y realizado pruebas psicológicas. He trabajado con pacientes del Departamento de Servicios para Niños y Familias del Condado de San Bernardino, así como con pacientes de la Oficina del Fiscal del Distrito de Victorville en California. He impartido clases de crianza de los hijos, manejo de la ira y violencia doméstica.

Sin embargo, mi vida tomó otro rumbo, del trabajo con la ciencia al mundo espiritual cuando finalmente escuché el llamado de Dios que estaba resonando en mi mente y mi corazón, desde que tengo uso de razón. En esta etapa de mi vida utilizo la psicología del espíritu, la mente y la comunicación espiritual mientras realizo terapia de sanación con Ángeles, terapia de lectura de registros akáshicos, terapia de hipnosis regresiva a vidas pasadas, mediumnidad o comunicación con los espíritus, terapia de sanación del niño interior y terapia de tanatología.

También he analizado miles de sueños, donde uso la canalización angelical. Ofrezco talleres, conferencias, y certificaciones. Me siento muy orgullosa de haber certificado centenas de estudiantes en los Estados Unidos y en muchas partes del mundo, y hoy estoy compartiendo con ustedes parte de ese conocimiento. Trataré de ser lo más clara posible para que puedan entender la bendita comunicación que todos podemos tener con el mundo espiritual. Todos podemos tener una comunicación amplia y profunda con Dios, cuando apartamos la voz del ego y permitimos escuchar la dulce y clara voz del Padre.

Esta es la primera vez que publico algo en español, bueno, en las redes sociales he publicado miles de canalizaciones angelicales y también he analizado miles de sueños. Al mismo tiempo, soy la autora de la disertación: "La relación entre el abuso sexual de los niños puestos en hogares de crianza y el comportamiento agresivo". En este momento también estoy completando un libro con mi biografía "Una vida con Dios y sus Ángeles", en dicho libro hablo sobre mis experiencias con la Divinidad, la Santidad, Dios y sus Ángeles, así como de mis batallas ganadas con la ayuda de Dios, sobreviviendo al cáncer de huesos y la guerra civil en El Salvador, y cómo la intervención Divina es manifestada en esos momentos de angustia y dolor.

Angelología: Conociendo el Mundo de los Ángeles

Conociendo el Mundo de los Ángeles, su historia, la religión, la cultura, pero sobre todo lo espiritual.

¿Qué es la Angelología?

Primeramente, vamos a tratar de comprender sobre qué estamos hablando, y la mejor manera es recurrir a la etimología de la palabra y recorrer sus orígenes y acepciones.

Angelología proviene de dos raíces griegas, (angelos) que significa "mensajero" y (logos) que expresa "tratado o estudio", es decir que significa "tratados de los mensajeros" o "estudios de los ángeles". [1] Según la ciencia teológica esta palabra nos indica que "es un estudio para lo que es el cristianismo".

---

[1] Referencia tomada del Diccionario etimológico Angelología. (etimologias.dechile.net)

La Angelología Cristiana es la parte de la Teología Sistemática[2] que estudia las tipologías, labores y trascendencias de los Ángeles. En otras palabras, Angelología es el estudio de los Ángeles.

Decimos que la Angelología, es parte de la teología y la teología se divide en dos partes: la Angelología y la Demonología. Cuando estudiamos a la corte celestial de Dios es llamada Angelología y cuando se estudia a los Ángeles caídos, se llama Demonología. En este diplomado nos vamos a enfocar en la Angelología, no en la Demonología. Aunque tocaremos algunas partes de lo que son los Ángeles caídos, no vamos a profundizar en ello.

Según mis conocimientos la Angelología es parte de la Teología Sistemática, que estudia la existencia, características, naturaleza moral y actividades de los Ángeles. Todos los estudios acerca de los Ángeles que no son muchos, tienen como punto de partida la Biblia. En este texto sagrado, se basa la Angelología, donde los estudiosos interpretan lo que es dicho con respecto a los Ángeles.

---

[2] La Teología Sistemática es entendida como el **discurso sistemático, metódico y hermenéutico sobre la fe cristiana que es vivida según la praxis en la Iglesia Católica**. No obstante, el carácter confesional de esta teología, no se opone a una comprensión y actitud ecuménica que habitan el seno de su propio discurso. (teologíalatinoamericana.com)

La Angelología también estudia la relación que los Ángeles tienen con la humanidad, la creación universal, como los animales, plantas, mares y todo lo que tiene vida, y cómo estos Seres sirven los propósitos y la voluntad de Dios en la evolución espiritual.

También, hay muchos otros libros sagrados que nos hablan de la historia de los Ángeles que muchas personas no conocen. En mi experiencia personal y espiritual como Angelóloga y Canalizadora Angelical, que ha conocido diversas religiones, como la católica, la cristiana protestante o evangélica, que ha visitado iglesias de diferentes denominaciones, puedo decir que en todas está Dios.

Toda mi vida he tenido contacto con Dios, y cuando digo Dios, incluyo también a los Ángeles, porque no podemos hablar de Ángeles sin hablar de Dios, no existen los unos separados de lo otro. Los Ángeles no pertenecen a ninguna denominación religiosa, no podemos encasillarlos en una religión, sino más bien afirmar que no pertenecen a ninguna religión, pero en todas las religiones hay Ángeles. Los Ángeles son la luz Divina de Dios brillando en nosotros para que podamos ver lo que somos como parte de la fuente infinita. Se dice que no podemos ver a Dios, pero sus manifestaciones están por todas partes y eso incluye también a los Ángeles, todo lo que tiene vida como tú y yo.

Los Ángeles

Estos Seres espirituales fueron creados por Dios. La palabra Ángel, como vimos anteriormente, significa mensajero, los Ángeles son mensajeros de Dios. Son Seres creados al servicio de la humanidad y todo lo que tenga vida. Los  Ángeles nos ayudan a poder cumplir con nuestra misión de vida guiándonos en el camino correcto para no sucumbir a todos los designios del ego. Ellos son luz, energía, poder, acompañamiento, protección absoluta en todo momento.

Todos tenemos un Ángel de la guarda, estos Seres espirituales funcionan dependiendo del nivel de conciencia que el Ser vivo manifieste. Así como un Ser humano tiene a un Ángel de la guarda, una bacteria, tiene también esa conciencia que cuida de ella, al igual, que una nube, una gota de agua, una roca, una mina, un planeta, o una galaxia, etc., toda partícula que tenga vida tiene a un Ángel custodio o Ángel guardián que está vibrando en diferentes frecuencias dependiendo de la jerarquía en la que se encuentre.

Como ya lo he mencionado, los Ángeles son energía, pero se pueden manifestar en la forma que nosotros los humanos los podamos reconocer como lo que son.

Los podemos percibir como luz y energía, pero también como una silueta humana con alas o sin ellas. Según va creciendo nuestro nivel de conciencia, es más grande la afinidad que tenemos para comunicarnos con los Ángeles.

La percepción de los Ángeles en los Seres humanos cambia, así como va cambiando la sociedad, el estilo de vida y la moda. Los Ángeles se manifiestan de la manera más amorosamente posible a todas las personas sin importar su cultura, color, género, credo, religión o si somos ricos o pobres. Ellos buscan la manera de hacerse notar, aunque a veces nosotros no nos damos cuenta.

Están siempre listos para ayudarnos porque esa es su misión, para lo que fueron creados. En la Biblia se menciona a los Ángeles repetidamente, pero no se da una definición clara y completa. En este libro, vamos a estudiar diferentes fuentes de información para poder dar un concepto completo y concreto, porque el tema de los Ángeles es muy amplio y son pocos los estudios académicos e intelectuales.

En mi experiencia personal, he percibido a los Ángeles de diferentes formas. Por ejemplo, la manera en la que percibía a los Ángeles en mi niñez es diferente a como los percibía en mi vida como adolescente, y es diferente como los puedo percibir en estos momentos de mi vida. Como ya lo he mencionado los Ángeles son energía pura y perfecta, es la Santidad moviéndose en nosotros y expresándose de diferentes formas para poder comunicar. Son la expresión de Dios manifestada que te hace vibrar de amor y te cubre con calma y protección.

Fuentes de información Angelológica

La historia de los Ángeles ha existido por siempre, pero nos vamos a remontar entre los años 1300 y 1000 a. C. cuando el zoroastrismo (religión antigua dualista que comenzó con el profeta Zaratustra en Persia) tenía un gran impacto como religión. En la tradición judía (Arca de Noé y su llegada al monte Ararat), se le da un desarrollo importante a la Angelología, especialmente en los libros apócrifos, como también en los canónicos.

Los libros apócrifos[3], muestran un desarrollo de la Angelología más marcada y profunda, también el Antiguo Testamento habla del impacto que tuvo Babilonia en la manera de entender a Dios y a sus ángeles. Pero fue con el cristianismo (Nacimiento de Jesús de Nazaret), a finales de la Edad Antigua y comienzos de la Edad Media que la Angelología tomó impulso con la colaboración de Pseudo-Dionisio Areopagita y Gregorio el Grande.

---

[3] Definición de Apócrifos. Recuperado de (conceptodefinicion.de). Consultado el 4 de febrero del 2023

Es importante señalar, que la historia de los Ángeles en los libros es diferente dependiendo de la fe y el libro.

La Biblia

El Corán

El Testamento de los Levíticos

La Cábala

El Tercer Libro de Enoc, entre otros.

La Filosofía Acerca de los Ángeles en Diferentes Religiones

Los Ángeles han sido y son importantes en muchas de las religiones más populares o importantes del mundo, como el judaísmo, el cristianismo y el islam. Aunque casi todas estas religiones son antiguas que se pueden considerar arcaicas, las criaturas aladas del mundo espiritual son parte de estas culturas más antiguas o contemporáneas de las tres grandes religiones abrahámicas.

Muchas religiones del Medio Oriente y África anteriores al judaísmo tuvieron gran importancia en el desarrollo de la religión abrahámica, todas tienen representaciones de Seres alados en sus respectivos panteones o monumentos sagrados.

Pero también, otras religiones que han surgido en distintos países del mundo tienen representaciones de Seres con alas en sus panteones y monumentos sagrados, estos Seres tienen características similares a la de los Ángeles o de esas criaturas espirituales que casi todos conocemos en las religiones actuales. Los Ángeles que he podido percibir tienen una luz que irradia y lo ilumina todo, es una luz que no te permite ver con claridad a través de ella, se encuentra en la misma sintonía del Espíritu Santo, el Fuego de Dios. También he percibido Ángeles como Seres humanos, no antes presentándose con toda su luz.

Los Ángeles en las religiones de la antigüedad

Los Ángeles en el zoroastrismo: Como ya lo he mencionado antes, las primeras menciones históricas de Seres con alas se encuentran en el zoroastrismo, una antigua religión monoteísta Persia, que se basa en el concepto de un solo Dios, (monoteísta) bondadoso. El zoroastrismo, menciona siete Seres buenos que ejercen la misma función que los Ángeles, y siete Seres malos que coinciden con el concepto judío de los Ángeles caídos (El bien y el mal o dualidad).

Asimismo, en el zoroastrismo, existe la noción de 20 emanaciones del espíritu que con el tiempo se manifiestan en la literatura zoroástrica como Arcángeles que representan a Dios.

Los Ángeles en la religión sumeria: Esta religión, que tuvo sus orígenes en la antigua Mesopotamia y que fue la primera civilización alfabetizada o instruida, no tenía un concepto de los Ángeles, pero envolvía la filosofía de que cada Ser humano tenía un espíritu. Este espíritu, tenía una apariencia humana con alas, semejante al del Ángel de la guarda.

Se ha filosofado que la idea de estos espíritus acompañantes de las almas en la religión sumeria, tuvieron influencia en el concepto de "Ángeles" en la religión judía.

Los Ángeles en la religión egipcia: La religión egipcia tampoco tuvo imágenes de Ángeles como los conocemos hoy en día, pero tenía diosas con alas. Por ejemplo, las diosas Nut e Isis aparecen en los antiguos relieves, pinturas y otras expresiones del arte egipcio como Seres con alas.

Nut se podría comparar al Ángel de la Muerte (Azrael o Miguel); a esta diosa, se le invocaba para que protegiera a las personas que ya habían desencarnado o muerto y las llevara al cielo. Por otra parte, Isis, con sus alas restituyó la vida al dios Osiris.

Los Ángeles en las religiones griega y romana: en la religión griega, tuvieron a la diosa con alas, Niké y su hijo Eros. Este se convirtió en cupido o el dios del amor para los romanos.

Con el tiempo, este dios fue usado como arquetipo para la representación gráfica de los Ángeles en la religión cristiana y otras creencias espirituales actuales.

Los Ángeles en el budismo: la religión budista contiene el concepto de los bodhisattvas[4] (Seres iluminados, o personas que estudian el budismo) que han pospuesto su entrada al Nirvana (paraíso o cielo) para ayudar a otras personas a lograr la iluminación. Así como los Ángeles, los bodhisattvas, muchas veces se les presentan a las personas como Seres de luz durante la meditación o contemplación.

Los Ángeles en el hinduismo: el hinduismo tiene más de 3,000 años de existencia. En sus panteones o monumentos exhiben a los gandharvas (espíritus de naturaleza masculina esposos de las apsarás de naturaleza femenina, algunos son parte animal) y los devas (deidades benévolas o Seres espirituales), Seres muy similares a los Ángeles.

Los gandharvas son representados con alas y son Seres armoniosos como los Ángeles de los coros celestiales en la religión cristiana.

---

[4] Los términos *bodhisattva* (sánscrito) y *bodhisatta* (pali), aunque tienen el mismo significado etimológico, difieren en la interpretación en el budismo *theravāda* y *mahāyāna*. Es un compuesto de *bodhi*, "Despertar o Iluminación" (gnosticismo, p. 40), término muy apreciado en el budismo, pues se relaciona con el término Buddha, el cual hace referencia a un ser que ha despertado.

Los devas son entidades espirituales y luminosas que tienen como misión ayudar a los Seres humanos en su búsqueda espiritual.

Los Ángeles en la religión celta: esta tuvo sus orígenes en diferentes partes de Europa en la Edad de Hierro, se dice que surgió durante los tiempos previos a la llegada del Imperio Romano. Los Ángeles celtas o anamchara, (Ángel amigo del Alma) Seres espirituales eran parte de la vida diaria para esta cultura antigua. Su misión era ayudar a los humanos a desarrollar su espiritualidad. Eran conocidos como guardianes y acompañantes, lo mismo que el Ángel de la guarda.

Los Ángeles en la religión judía, cristiana e islámica: el judaísmo, el cristianismo y el islamismo son religiones que comparten ideas parecidas acerca de los Ángeles. Estas tres religiones ven a los Ángeles como mensajeros de Dios. En el judaísmo, los Ángeles aparecen en la Biblia judía. La cábala medieval es una de las fuentes más importantes en el estudio de la Angelología como lo veremos más adelante.

En el cristianismo, los Ángeles proceden de las mismas filosofías que del judaísmo, plasmadas en la Biblia, en el Antiguo Testamento. En el Nuevo Testamento, en cada evento de la vida de Jesucristo también se habla de los Ángeles. En la religión cristiana, los Ángeles son mediadores significativos entre Dios y el hombre. En cambio, para el islam, una de sus seis columnas principales es la creencia en los Ángeles.

El Ángel más importante en el islam es Jibra'il, o Gabriel. Jibra'il le reveló o dictó el Corán al profeta Mahoma.

Las religiones modernas y los Ángeles

Las creencias modernas como la religión mormona y dogmas de la Nueva Era determinan un papel trascendental de lo que son los Ángeles dentro de sus respectivas ideas. Sus filosofías acerca de los Ángeles están fundadas en los conocimientos judeocristianos o una composición de los conceptos históricos de los Seres angélicos.

La filosofía o dogma de la Nueva Era es la integración de las ideas de todas las religiones del mundo. Los Ángeles hoy en día como en tiempos antiguos siguen teniendo y siempre tendrán, un lugar especial en la vida de cada persona. En mi experiencia personal, los Ángeles son parte de cada Ser humano, no de una religión. Todos podemos tener una relación amorosa de comunicación con Dios y los Ángeles están presentes para ayudarnos en este Santo menester.

Los Padres de la Iglesia en Occidente, no demostraban interés por el estudio de los Ángeles o la Angelología, fue en el siglo IV d.C., que San Agustín de Hipona formuló las bases para la doctrina angelical occidental.

Este filósofo cristiano describe a los Ángeles con una naturaleza puramente espiritual y libre. Comentando el Génesis, San Agustín define las funciones de los Ángeles como responsables de la glorificación de Dios y de la transmisión de la voluntad Divina. De acuerdo con la doctrina angélica de San Agustín, los Ángeles están dirigidos tanto en el mundo espiritual como en el mundo visible, donde intervienen con mucha frecuencia. San Agustín describe a los Ángeles con una semejanza muy marcada con los Seres humanos porque Dios los creó a su imagen y semejanza.

Este filósofo cristiano también describe a los Ángeles como Seres inteligentes al igual que el hombre. Años después Gregorio Magno, agregó algunos elementos a la doctrina angelical de San Agustín; de acuerdo con Magno, los Seres humanos tenían la función de ocupar los lugares en el cielo abandonados por los Ángeles caídos.

Clasificación de los Ángeles en la Biblia

La Biblia dice que los Ángeles fueron credos por Dios (Col. 1.16), antes de la creación del mundo (Job. 38:6-7), en santidad (Judas v.6). En el idioma hebreo y el griego, la palabra Ángel significa mensajeros. "Llamamos Ángeles a estas entidades celestiales que están mediando entre el plano espiritual y físico".

También podemos decir que estas criaturas sutiles son una conexión entre Dios y los Seres humanos. Yo describo a los Ángeles como la luz celeste y Divina de Dios que está brillando siempre al entorno del Ser humano, al igual irradian su luz para que cada persona o Ser vivo pueda ver su propia luz, la luz de Dios con la que fue creado.

ANGELOLOGÍA: Como ya lo mencioné anteriormente, es la rama de la Teología Bíblica y Sistemática que estudia todo lo referente a los Ángeles. Cuando hablamos de la Teología Bíblica y Sistemática estamos refiriéndonos a la palabra "teología" que viene de dos palabras griegas, (Theos), significa "Dios" y (logos) "estudios". Combinadas, la palabra "teología" significa "estudio de Dios".

La palabra sistemática se refiere a que se ajusta a un sistema, a un conjunto de normas y procedimientos acatados por la tradición religiosa, la iglesia o estudios Bíblicos. Como en el caso del estudio de los Ángeles, hay muchos libros en la Biblia que dan información muy relevante acerca de lo que son los Ángeles.

En otras palabras, la teología sistemática pone en contexto toda la información de los Ángeles de cada libro de la Biblia para organizarla en una forma sistemática a la que llamamos Angelología.

Desafortunadamente, la información Bíblica no es revelada completamente por las iglesias, sinagogas, cultos o sectas religiosas. Usualmente se basan en pequeñas versiones de la Biblia para formar su propia filosofía religiosa y esa misma información es la que le comunican a los fieles o seguidores. Es imperativo que cada persona lea la Biblia y los libros sagrados acerca de los Ángeles, de Dios, la creación, y que se formen su propia filosofía sin permitir recibir la información a cucharadas o a cuentagotas. Cada persona tiene libre albedrío para aceptar o rechazar cualquier idea o filosofía acerca de lo que significa Dios y sus Ángeles.

Mi filosofía es que Dios es "El Todo, La Luz, Fuerza, y Amor Universal que sostiene todo incluyendo a los Ángeles y a todo lo que tiene vida".

La Biblia dice en Oseas 4:6 "Mi pueblo es destruido por falta de conocimiento. Por cuanto tú has rechazado el conocimiento, yo también te rechazaré para que no seas mi sacerdote; como has olvidado la ley de tu Dios, yo también me olvidaré de tus hijos". En este libro de la Biblia, Dios le habla al pueblo de Israel a través del profeta Oseas. El profeta denuncia la infidelidad del pueblo para con Yahvé y revela el amor tierno de Dios, comparable al del esposo que perdona a su esposa infiel o al del padre que ama a su hijo rebelde.

La ignorancia, es algo que nos destruye. Por ejemplo, si leemos solamente el versículo 6 del capítulo 4 del libro de Oseas, vamos a crear confusión, pero si leemos todo el libro vamos a traer más claridad y entendimiento. Y así consecuentemente formaremos nuestra propia filosofía de lo que Dios está hablando a través del profeta.

¿Cómo son los Ángeles generalmente hablando?

Los Ángeles no tienen género sexual, no se reproducen porque fueron creados por Dios en un número determinado (Mat. 22:20), (Heb.12:22), los Ángeles tampoco mueren, son infinitos (Luc. 20:36). Los Ángeles pueden asumir una apariencia humana para poder manifestárseles a los hombres (Seres humanos) (Gen. 18 2) y (Josué 5:13-14). Los Ángeles tienen más fuerza física y poder que los Seres humanos (II Ped.2:11).

Un aspecto muy importante de los Ángeles es que ellos no aceptan adoración ni que se les ofrezca culto. Los Ángeles están al servicio de Dios y de los Seres humanos (Col. 2:18) y (Apoc.19:

10, 22: 2-9). Los Ángeles son Seres Celestiales que moran en el cielo (otras dimensiones) (Mat.18:10) y (Heb. 1:14).

Mi propuesta consta de clasificar a los Ángeles entre Ángeles de Dios y Ángeles caídos. Es relevante mencionar que cuando hablamos de Ángeles caídos, estamos hablando de la dualidad, el ego, miedo, el diablo. Sin dualidad viviéramos en un paraíso, no existiera el bien y el mal, solo el bien, consecuentemente no estaríamos encarnados, seriamos Seres espirituales con un alto nivel de conciencia que no conocen el miedo.

Cuando no se conoce el miedo tampoco se conoce la envidia, los celos, el rencor, la ira, la avaricia, ni el dolor. Cuando no hay miedo o dualidad, somos Seres íntegros, amorosos, que no conocemos la tristeza y vivimos en dimensiones espirituales. Un ejemplo de lo que es el bien y el mal se puede observar en el libro de Génesis, cuando supuestamente la serpiente engaña a Eva y Eva hace pecar a Adán. Cuando Adán y Eva tienen miedo porque han comido la manzana del árbol de la vida, han conocido la dualidad y cuando supuestamente son destituidos del jardín del Edén, es el sentimiento de la separación de Dios que todos los que vivimos en la materia sentimos.

Pero este sentimiento se origina desde el momento en que nuestro espíritu es encarnado en el cuerpo físico, en ese momento entramos en contacto con la dualidad, el mundo de los opuestos, el ego. Todos los Ángeles son creación de Dios, pero supuestamente los Ángeles de Dios son los que se mantienen fiel a Él después que Luz Bel, uno de los querubines protectores se convirtió en satanás y quiso usurpar el trono de Dios después que se llenó de orgullo (Is.14:12-17), (Ez. 28:12-15) y (Apoc.12:4-9).

Dios es el todo, Él nunca pudo crear alguien que se volviese en contra de él para despojarlo del trono universal. Dios creo Seres con libre albedrío para conocer lo bueno y lo malo y tomar sus propias decisiones. Si Dios creó a un querubín diferente a los demás, lo hizo con el propósito y conocimiento de que él iba a convertirse en la parte dual del Ser humano, espíritus encarnados, sus hijos, para experimentarse en diferentes formas y aprender.

Dios no pudo equivocarse, pues es puro amor y sabiduría universal. Somos nosotros los Seres humanos los que nos equivocamos y cometemos errores. Dios es perfección absoluta. Sin satanás, la dualidad, el ego o miedo, el Ser humano no tuviese ningún reto en el plano terrenal y no fuera necesario vivir encarnado porque ya tuviéramos un alto nivel de conciencia. El ego o satanás es necesario en el mundo dual para cumplir nuestra misión de vida.

¿Cuáles son los atributos de los Ángeles?

La Biblia dice que los Ángeles son Seres sabios e inteligentes, poderosos, escogidos y elegidos por Dios para el servicio de los Seres humanos. Su función es llevar mensajes y revelaciones de Dios al hombre. El Arcángel Gabriel es el líder de los Ángeles mensajeros y de los Ángeles de la revelación (Luc. 1:26-27, Dn. 10:13).

El Arcángel Miguel, es el líder de los Ángeles guerreros de Jehová que pelean contra los demonios y los enemigos del pueblo de Israel (Apoc.12:7). En otras palabras, los Ángeles son considerados ministros de fuegos, espíritus ministradores a favor del pueblo de Dios herederos de salvación (Heb. 1:7, 14).

Nueve coros de Ángeles

La Angelología cristiana, estudia la naturaleza y ordenación de los Ángeles. Como ya lo hemos mencionado antes, en el cristianismo, los Ángeles son criaturas espirituales con muchos poderes supernaturales que median entre Dios y los Seres humanos. Estos Seres Celestes han sido clasificados en nueve órdenes llamados coros angélicos o celestiales.

En el siglo IV, Pseudo Dionisio Areopagita discutió la clasificación más influyente. Dionisio Areopagita (siglo IV) fue un discípulo de San Pablo, que llegó a ser obispo de Atenas. Debe su apodo a que vivía en el Areópago, un barrio de Atenas, y sede del consejo del mismo nombre.

Orden de Ángeles

En orden de potencia decreciente los Ángeles son los siguientes:

Primera jerarquía: Serafines, Querubines, Tronos
Segunda jerarquía: Dominios, Virtudes, Potestades
Tercera jerarquía: Principados, Arcángeles, Ángeles

Serafines:

Orden más alta. Los Ángeles más cerca de Dios. Este nombre significa ardiente, que quema, están delante del trono de Dios, vuelan, tienen seis alas. Su brillante luz se debe a que están en la presencia de Dios con acceso a su fuego (Is.6: 1-7).

Querubines:

Cupidos, segunda orden más alta. Su nombre significa Seres resplandecientes, rodean y sirven en el trono de Dios (Salmo 80:1,99:1, Éx.25.22). Querubines del propiciatorio en la tapa del

Arca del Testimonio, ubicada en el Lugar Santísimo del Tabernáculo de Reunión, maqueta del trono de Dios en el tercer cielo. Guardaron el camino de Edén para que el hombre caído no tuviera acceso al Árbol de la Vida (Gén.3:24).

Tronos:

Esta es la triada: Serafines, Querubines, y Tronos. Están en lo más alto del cielo (dimensión), cerca de Dios. Tronos – puente - mundo espiritual y material. La Biblia no ofrece mucha información acerca de los Tronos Angélicos.

Dominios:

Los Dominios o dominaciones son los más altos en la segunda triada, orden de los niveles angelicales. Su misión, como en una empresa, es supervisar a los Ángeles inferiores y reciben órdenes de sus jefes, los Serafines y los Querubines.

Virtudes:

Gobiernan el orden del Universo físico. Se encargan de los humanos, pero no como personas individuales sino en grupos, inspirándolos. Se representan come rayos luminosos.

Potestades:

Ejército de paz, protegen el universo de energías bajas. Las potestades están siempre muy ocupadas. Se encargan de los nacimientos y las muertes de los Seres humanos, animales, plantas y todo lo que tenga vida, así como de la conciencia y la historia. Son el "prana", portador de vida.

Principados:

Arcángeles y Ángeles de la guarda. Son los Ángeles más cercanos a la tierra. Los Principados protegen naciones y ciudades para proteger la paz.

Arcángeles:

Este coro se compone de los Arcángeles que supervisan a los Ángeles de la guarda y a los hombres en la tierra.

Ángeles de la guarda:

Cada individuo tiene un Ángel de la guarda personal o a nivel álmico, pero una persona puede tener más de uno o dos Ángeles de la guarda.

Los 15 Arcángeles más conocidos en la Historia (En orden alfabético de la Nueva Era)

Ariel: "Leona de Dios"

Arcángel de la tierra, protege las plantas, los animales salvajes y los elementales. Las personas que se quieran sentir conectadas con las hadas pueden pedir ayuda al Arcángel Ariel. Cuida del medio ambiente y las aves heridas. Su luz es "rosa pálido", "verde pálido" y "amarillo pálido".

Arcángel Azrael: "Aquel que Dios ayuda"

Es conocido como el Arcángel de la muerte, ayuda a las almas a sentirse cómodas en otras dimensiones. Ayuda a las personas trabajando en el mundo espiritual, sacerdotes, ministros, guías espirituales y maestros de todas las religiones. Azrael es confundido con Azazel el Ángel caído, pero son diferentes. Azrael, es un Arcángel muy amoroso y compasivo. Su luz es de color "blanco crema", "café claro" y "amarillo oscuro".

Arcángel Chamuel: "El Que mira a Dios"

Nos ayuda a encontrar partes importantes en nuestras vidas, por ejemplo: el amor incondicional, pareja, enamoramiento, amigos, trabajo nuevo, casa, y lo más importante cómo conocernos a nosotros mismos. Nos ayuda a encontrar el balance en las relaciones amorosas, de trabajo y familiares, pero lo más importante, nos ayuda a encontrarnos a nosotros mismos, nos ayuda a ver la luz de Dios brillar en nosotros. Su luz es "verde pálido", "rosa pálido" o "rosa encendido". Todo depende de nuestra percepción y vibración de amor en que estemos.

Arcángel Gabriel: "Dios es mi fortaleza"- "Ángel de la Revelación"

En la historia Gabriel es retratado como un Ángel femenino, pero en los tiempos más modernos muchos escritores lo describen como masculino. En mi experiencia trabajando con el Arcángel Gabriel, yo lo veo y lo percibo femenino. Gabriel es el Ángel mensajero que ayuda a todos los Seres en la tierra que dan mensajes, como escritores, maestros y periodistas. También está a cargo de los niños y las familias completas.

Ayuda a las personas en su misión de vida y a sanar el miedo de la incertidumbre, elimina bloqueos para poder moverse y salir adelante. Abre fuentes de comunicación familiares y ayuda en la concepción de bebés, embarazos, adopciones y la niñez. La luz del Arcángel Gabriel es "color cobre, plata, casi blanca".

Arcángel Haniel: "Gracia de Dios"

Haniel ayuda a poner gracia en lo que hacemos, paz, sensibilidad, diversión y alegría en la compañía de amigos, belleza, armonía. Es el Arcángel de los dones. Pone gracia en nuestros eventos, cómo realizar una presentación, cómo comportarnos en una entrevista de trabajo o cuando tenemos nuestra primera cita de amor. Su luz es "azul pálido", "color de luna", "color turquesa".

Arcángel Jeremiel: "Piedad de Dios, Misericordia de Dios"

Jeremiel inspira a las personas, motivándolas a dedicar sus vidas al mundo espiritual, a llevar luz, paz y amor a los demás. Él nos ayuda a que podamos obtener sabiduría Divina para guiarnos a nosotros mismos y a los demás en nuestra misión de vida. Cuando estamos estancados espiritualmente, él nos ayuda a motivarnos y encontrar fuerzas para salir adelante. El Arcángel Jeremiel nos ayuda a sanar el sufrimiento, el dolor, la depresión y todas nuestras emociones negativas, ayuda a perdonar el pasado y vivir el presente, comunica sus mensajes a través de visiones y sueños. Su luz es de color "Morado", "morado oscuro".

Arcángel Jofiel: "Belleza de Dios"

Ella es la patrona de los artistas y cuando estamos comenzando un proyecto. Jofiel trabaja incansablemente para embellecer el planeta tierra limpiándolo de elementos tóxicos. Ella nos ayuda a limpiar todos los elementos tóxicos y nuestras energías negativas permitiendo que nuestros canales energéticos estén abiertos; pero también puede ayudarnos a limpiar nuestra casa y oficina de cosas que acumulamos innecesariamente. Jofiel ayuda a limpiar todo lo inservible. Su luz es "rosa", "rosa oscuro" y "amarillo del espectro de la luz".

Arcángel Metatron: "Ángel de la Presencia"

Metatron es un cuerpo geométrico (fruto de la vida, flor de la vida), un cuerpo de la geometría 13 de 13 círculos. Metatron es considerado el más joven y alto de los Arcángeles. Serafín, regente, rey de los Ángeles. Uno de los Arcángeles que vivió en la tierra como el profeta Enoch. Él trabaja con Madre María ayudando a los niños, a los que viven y a los que pasan a otro plano.

En la Kabbalah o Cábala, Metatron, es el Ángel encargado o jefe "Del Árbol de la Vida". Sus colores son "violeta" y "verde", "verde pálido" o "verde encendido".

Arcángel Miguel: "El que es como Dios" - "El que se ve como Dios"

Es el jefe de las milicias celestiales, nos ayuda a soltar el efecto del miedo del planeta. Es considerado el patrón de los elementos del orden; él da la fuerza y el coraje, podemos pedir ayuda cuando estamos en peligro y tenemos miedo. Es un genio ayudándonos a reparar máquinas y problemas técnicos, nos ayuda a recordar quiénes somos y qué hemos venido a hacer aquí en la tierra, nos ayuda a trabajar en nuestra misión personal y espiritual.

Su luz es de color "morado real", "azul real", "color oro dorado".

Arcángel Raguel: "Amigo de Dios" - "El Arcángel de la Justicia"

Él ayuda a personas oprimidas y manipuladas o que sufren de abuso, nos ayuda a encontrar el balance en nuestra vida, guiando en la dirección correcta a encontrar justicia. Nos ayuda en el matrimonio, trabajo, con amigos y en la sociedad en general. Nos ayuda con la justicia para nuestra patria, armonía y paz. Su luz es "azul pálido" o "verde pálido".

Arcángel Rafael: "Dios Sana" - "Medicina de Dios"

Ayuda a sanar las enfermedades físicas, mentales y espirituales, es el Patrón de los cuidadores de la salud, trabajadores, pescadores y viajeros; ayuda a animales y problemas de trabajo. Su luz es "verde esmeralda".

Arcángel Raziel: "Secreto de Dios"

Siempre esta tan cerca de Dios que puede escuchar todos los secretos y misterios de Dios. Escribió un libro y se lo dio a Adán, este libro terminó en manos de Enoch y Samuel. Ayuda a entender información esotérica, vidas pasadas, manifestaciones, regresiones, misiones, alquimia espiritual. La esencia que ayuda a transformar nuestra personalidad en cosas positivas, como se transforma metal en oro (Piedra Filosofal, alquimistas del pasado). La luz es "arcoíris", "color índigo", "azul" y "violeta".

Arcángel Sandalfon: "Hermano"

Metatron y Sandalfon son hermanos gemelos. Sandalfon también fue profeta (Elías) fue ascendido a Arcángel cuando fue levantado en cuerpo en un torbellino. Es el Arcángel de la música y el encargado de contestar nuestras oraciones, y de los Ángeles de la guarda. Trabaja de cerca con el Arcángel Miguel ayudando a limpiar o sanar el miedo entre nosotros, usando la música. Su luz es "azul turquesa".

Arcángel Zadquiel: "Rectitud de Dios" - "Justicia de Dios"

Reconocido como el Arcángel de la memoria, como Uriel, también ayuda a los estudiantes, nos ayuda a recordar todo, hasta nuestras vidas anteriores. Se conoce como el Arcángel de la benevolencia, la misericordia y la voluntad Divina, es el patrón de los que perdonan, representa la sabiduría con la llama violeta. Ayuda a cambiar y a aliviar males, es la luz de la transmutación Divina. Su luz es "violeta", "índigo", "azul profundo". Nos ayuda con la sanación de todo mal.

Arcángel Uriel: "Dios es Luz" - "Sabiduría de Dios" - "Iluminación de Dios"

Un Arcángel muy poderoso, ilumina los problemas para que puedan ser resueltos, nos da inspiración o ideas para resolver nuestros problemas; la luz del Arcángel Uriel nos ayuda cuando estamos en una situación difícil. Ayuda a los estudiantes a sobresalir académicamente, es el Arcángel de la abundancia, prosperidad y sabiduría de Dios. Su luz es "amarilla", "roja rubí del espectro de la luz".

El Arcángel Uriel en el cristianismo Iglesia Católica:

"El Arcángel Uriel era venerado junto con Miguel, Gabriel y Rafael en el cristianismo antiguo. Con el paso de los años surgió el culto a los Ángeles. El Papa Zacarías, durante el Concilio de Roma del año 745, prohibió el nombre del Arcángel Uriel. Hizo también que se destruyeran sus imágenes en las iglesias de Roma. A pesar de esta prohibición, el Arcángel Uriel continuó presente en las mentes de los fieles y aún se pueden encontrar imágenes del Arcángel Uriel que datan del siglo XVII en iglesias de América del Sur".

"La Iglesia Ortodoxa Oriental venera al Arcángel Uriel y lo conmemora junto con los otros Ángeles y Arcángeles durante la "Synaxis del Arcángel Miguel y los otros poderes" el 8 de noviembre. También la Iglesia Anglicana lo incluye entre los Arcángeles. La Iglesia Copta Septuaginta, que contiene el Libro de Enoc, siempre ha venerado al Arcángel Uriel".

En los evangelios apócrifos de la Biblia, Uriel ayuda a Juan el Bautista a sobrevivir la masacre ordenada por Herodes, lo lleva junto con su madre a Egipto, y los reúne con la Sagrada Familia.

En el Apocalipsis, es el Ángel del arrepentimiento. En la tradición apocalíptica, Uriel tiene la llave del infierno, que abrirá al final de los tiempos. El judaísmo no reconoce oficialmente al Arcángel Uriel, pero su nombre aparece en varios textos apócrifos y en las tradiciones místicas.

El Arcángel Uriel aparece nombrado en el "Libro de Enoc". Uriel intercede ante Dios por la humanidad, en relación con los Ángeles caídos y sus hijos, los Nefilim (Legendaria raza gigante en el Génesis 6:1-4) quienes también advierten a Noé del diluvio universal.

Ángeles y Arcángeles en los libros sagrados

Los libros sagrados son puntos importantes de referencia para nosotros los Angelólogos. En Daniel, Miguel y Gabriel ayudándole a Daniel a entender sus visiones. En Lucas, Gabriel anuncia el nacimiento de Juan el Bautista y el nacimiento del Maestro Jesús. San Judas habla de Gabriel protegiendo el cuerpo de Moisés cuando murió antes de llegar a la tierra prometida en el desierto. Y el libro de Las Revelaciones habla de los siete Arcángeles.

Los Libros apócrifos, Evangelios Apócrifos (extra-canónicos):

Los evangelios surgidos en los primeros siglos del cristianismo que hablan de Jesús de Nazaret no fueron incluidos ni aceptados en el Canon del Tanaj Judío Hebreo, Arameo de la Biblia Israelita Septuaginta griega. Tampoco fueron incluidos en grupos de cristianos como la iglesia católica, iglesia ortodoxa, comunión anglicana e iglesias protestantes.

Los manuscritos de Nag Hammadi, también conocidos como los Evangelios Gnósticos, en lengua copta, también conforman los denominados libros apócrifos. Se suma además la base fundamental de la Tora (los primeros cinco libros de La Biblia: Génesis, Éxodos, Levíticos, Números, Deuteronomio)

Los Libros del Talmud de Jerusalén:

Son una colección de leyes basadas en la tradición oral de la Tora (fue redactada en un libro Mishna). Estas colecciones son idénticas al Talmud de Babilonia. Esta colección es la raíz de La Biblia.

Libros escritos después de la Torá:

Neviim: Niktuvim: (profetas) bueno, seis siglos A.C hasta la destrucción del templo, digamos 0 en la era.

Zohar: más o menos del siglo II DC Mishná, es decir, la leyenda de cómo fue contada la Torá.

Talmud Babli: fue escrito en el Siglo VI del exilio de Babilonia (187) Conquista de Jerusalén. Templo de Salomón quemado.

Yerushalmi: fue escrito también para la mente, escrito en esos tiempos y eso fue traído Babel y Yerushalmi

Yerushalayim y el Babli: la segunda definición de la Torá y todas son definiciones, interpretaciones de la Torá.

Zohar y la Mishná y la Guemará, el Talmud: todos son significado de la Torá y en realidad en eso termina la época de los Taihim de los grandes rabinos y todo el pueblo salió al exilio y esos grandes libros que vinieron porque se escribieron todo el tiempo, pero eran de alguna manera existentes.

Estando en el exilio fue muy difícil escribir, no había revelaciones claras del Creador, por esta razón fueron llamados al exilio y grandes hombres singulares de la época del siglo XI Rambam grandes cabalistas después Rashi y más, es decir hasta Ramjal y hasta la Agrara, hasta el ARI y Baal Shem Tov hasta nuestros tiempos y lo que fue escrito a lo que nosotros leemos.

¿Cuántos Arcángeles existen?

Esta pregunta tiene diversas respuestas, estas dependen de la religión y cultura desde las que respondamos, depende también de nuestra creencia o fe y también nuestra percepción cuenta mucho. En el libro de las Revelaciones (Apocalipsis) se habla de siete Arcángeles. En el libro de Tobías (Tobías), Rafael menciona que él era uno de los siete. Los Gnósticos también hablan de siete Arcángeles.

En cada religión o cultura, los Ángeles se describen diferente. La Cábala reconoce a 10 Arcángeles y 72 Ángeles y reconoce al Arcángel Metatron como el Arcángel mayor. El número 72, es tradición en todo el mundo. Este es un número muy poderoso, en Egipto, los compañeros del Seth (Rey/Faraón) fueron 72. Los discípulos de Confucio en China fueron también 72, para los taoístas (Tradición filosófica y religiosa de origen chino) el número 72 es sagrado. En la tradición islámica, los mártires de la batalla Uhud también fueron 72, como lo fueron los mártires de la batalla de Kerbala en el año de 680 d.C.

Muchos de los tratadistas hebreos, no se han puesto de acuerdo acerca del número de Ángeles. Unos dicen que son 72, pero otros hablan de 70. La historia u origen numérico de los Ángeles tiende a ser confuso y muchas veces causa controversia como todo lo que tiene que ver con la religión y la política. La Torá (Cinco primeros libros de la biblia), hace referencia a 70 naciones (Génesis, 10).

De estas 70 naciones, se derivan las 70 lenguas que son mencionadas remarcablemente en la literatura talmúdica (religión judía que tienen como punto de referencia el libro sagrado Talmud). Las traducciones del Torá también hablan de 70 Ángeles, de aquí se deriva la Biblia Septuaginta, texto antiguo usado en Judea y luego por la iglesia cristiana primitiva.

Los cabalistas que estudian la tradición e historia de los Ángeles dicen que son exactamente 72. Cada uno de los nombres de los Ángeles se encuentra fuertemente ligados al número 72. Los cabalistas basan esta filosofía, tradición o credo en el libro del Éxodo 14, 19-21. Estos tres versículos del libro del Éxodo en la versión hebrea están formados exactamente por 72 letras y esta combinación muestra el nombre con tres letras de cada Ángel en el alfabeto arameo-hebreo. También se dice que existen 72 nombres de Yave (Dios) y el valor numérico de este nombre es 36, la mitad de 72.

En la tradición de la cábala judía, el número o cifra 72, designa la Divinidad, que es un nombre inefable de YHWH. Los Cabalista sitúan el nombre inefable en un triángulo y luego suman el valor de las letras restantes:

Y+YH+YHW=YHWH

Dando como resultado la suma de:

10+15+21+26=72.

De acuerdo con la cábala hebrea, existen 72 atributos que rodean el trono de Dios. Estos atributos, están al servicio del Ser humano. Se dice también que cada uno de los 72 Ángeles está fuertemente relacionado con una energía zodiacal, consecuentemente cuando se hace una plegaria o invocación al Ángel, tiene que ser dentro de los horarios planetarios.

Más información de la tradición del número 72

La fórmula que Moisés usó las leyes y regulaciones de carácter continúa oculta en el Zohar durante más de 2000 años. Esta fórmula se conoce como los 72 Nombres de Dios.

No nombres como María, Pedro y José, sino 72 secuencias compuestas de letras hebreas que tienen la energía notable para vencer las leyes y regulaciones de carácter en la mayoría de las formas, incluido el instinto humano. Aunque esta fórmula está codificada dentro de la historia bíblica literal de la separación del Océano de color rojo, ningún rabino, erudito o sacerdote era consciente de la clave.

Algunos cabalistas lo sabían simplemente, y también entendieron que cada vez que era el momento oportuno, la fórmula se podía revelar en todo el mundo. Para aprender a manejar la energía de los 72 Nombres de Dios, junto con las razones por las cuales pueden usarse, le recomendamos leer Los 72 Nombres de Dios: "Tecnología del Alma", incluso cuando no hablas ni lees hebreo, aún puedes comenzar y experimentar milagros increíbles.

Ahora, después de unos 2,000 años de ocultamiento, los buscadores contemporáneos también pueden hacer uso de esta energía y al investigar recurrir a los 72 Nombres de Dios. Los 72 nombres de Dios son secuencias de 3 letras, cada una que se comportan como un catálogo de una longitud de onda espiritual particular. Simplemente buscando en las letras, además de cerrar su visión e imaginarlas, puede interactuar con estas longitudes de onda. Para utilizar una metáfora física para explicar lo que sucede mientras se usan los 72 nombres, piense en un tono, algo acostumbrado a configurar un acento preciso.

Cada vez que acercas un diapasón vibratorio a otro diapasón que no está vibrando, el segundo tenedor comienza a vibrar a través de los fenómenos conocidos como 'transferencia simpática'. Los 72 Nombres de Dios actúan como diapasones para corregirse en el nivel del alma. Esto significa, prácticamente hablando, que no es necesario someterse a algunas de las pruebas más desafiantes que existen, puede sintonizar el cuerpo y el alma utilizando las longitudes de onda espirituales que su visión no ve.

Una de las técnicas de meditación más complejas de la Cábala utiliza los 72 nombres de Dios de tres letras, estas 216 letras (72 x 3 = 216) en realidad comprenden un nombre. Este nombre se deriva de tres versículos en Éxodo, capítulo 14 (versículos 19, 20 y 21) que cuentan la historia de cómo Moisés separó las aguas del Mar Rojo cuando los israelitas salieron de Egipto:

> "Y el Ángel de Elohim que fue antes del campamento de Israel se movió, y fue detrás de ellos, y la columna de nube se movió delante de ellos y se fue detrás de ellos". (Éxodo, cap. 14).

Los 72 nombres de Dios no son nombres en el sentido ordinario. Pero son más bien 72 configuraciones individuales de tres letras. Según la Cábala, estas combinaciones de letras están codificadas con ciertas vibraciones que se relacionan con diferentes aspectos de la energía Divina.

Comience centrándose en estas letras, "escaneando" de derecha a izquierda. Luego cierra los ojos, imprimiéndolos aún más en su mente. Por último, tome medidas. Haga algo que encarne la intención de este nombre. Esta meditación en acción crea una apertura para hacer cambios en tu vida a nivel metafísico.

Tal como hemos visto anteriormente los 9 coros presentan un orden en tres jerarquías. La primera jerarquía, conformada por Serafines, Querubines y Tronos; la segunda jerarquía encuentra a los Dominios, Virtudes y Potestades y la tercera enumera los Principados, Arcángeles y Ángeles.

En la Primera Esfera encontramos a:

Los Serafines: Ángeles al servicio de Kether (La corona)

UNO: Vehuiah
DOS: Jofiel
TRES: Sitael
CUATRO: Elemiah

CINCO: Mahasiah
SEIS: Lelahel
SIETE: Achaiah
OCHO: Cahetel

Querubines: Ángeles al servicio de Hochmah (La sabiduría)

NUEVE: Haziel
DIEZ: Aladiah
ONCE: Lauviah
DOCE: Hahaiah

TRECE: Lezalel
CATORCE: Mebael
QUINCE: Hariel
DIECISÉIS: Hekamiah

Tronos: Ángeles al servicio de Binah (La inteligencia)

DIECISIETE: Lauviah
DIECIOCHO: Caliel
DIECINUEVE: Leuviah
VEINTE: Pahaliah

VEINTIUNO: Nelkael
VEINTIDOS: Yeiayel
VEINTITRÉS: Melahe
VEINTICUATRO: Haheuiah

Segunda Esfera

Dominaciones: Ángeles al servicio de Hesed (El poder)

VEINTICINCO: Nith-Haiah
VEINTISÉIS Haaiah
VEINISIETE: Yerthel
VEINTIOCHO: Seheiah

VEINTINUEVE: Reiyel
TREINTA: Omael
TREINTA Y UNO: Lecabel
TREINTA Y DOS: Basaria

Virtudes: Ángeles al servicio de Tiphereth (La belleza)

TREINTA Y TRES: Hahahel
TREINTA Y CUATRO: Mikael
TREINTA Y CINCO: Veuliah

TREINTA Y SEIS: Ylahiah
TREINTA Y SIETE: Sealiah
TREINTA Y OCHO: Arial
TREINTA Y NUEVE: Asaliah
CUARENTA: Mihael

Potestades: Ángeles al servicio de Gueburah (La fuerza)

CUARENTA Y UNO: Yehuaih
CUARENTA Y DOS: Lehahiah
CUARENTA Y TRES: Chavakiah
CUARENTA Y CUATRO: Menadel
CUARENTA Y CINCO: Aniel
CUARENTA Y SEIS: Haamiah
CUARENTA Y SIETE: Rehael
CUARENTA Y OCHO: Leiazel

Tercera esfera

Principados: Ángeles al servicio de Netzah (La Victoria)

CUARENTA Y NUEVE: Vehuel
CINCUENTA: Daniel
CINCUENTA Y UNO: Hahasia
CINCUENTA Y DOS: Imamiah
CINCUENTA Y TRES: Nanael
CINCUENTA Y CUATRO: Nithael
CINCUENTA Y CINCO: Mebahiah
CINCUENTA Y SEIS: Poyel

Arcángeles: Ángeles al servicio de Hod (La gloria)

CINCUENTA Y SIETE: Nemamiah
CINCUENTA Y OCHO: Yeialel
CINCUENTA Y NUEVE: Harahel

SESENTA: Mitzrael
SESENTA Y UNO: Umabel
SESENTA Y DOS: Lah-Hel
SESENTA Y TRES: Anauel
SESENTA Y CUATRO: Mehiel

Ángeles: al servicio de Yosod (Fundamento)

SESENTA Y CINCO: Damabiah
SESENTA Y SEIS: Manakel
SESENTA Y SIETE: Eyael
SESENTA Y OCHO: Manakel

SESENTA Y NUEVE: Rochel
SETENTA: Jabamiah
SETENTA Y UNO: Haiaiel
SETENTA Y DOS: Mimiah

¿Qué es el Árbol de la Vida?

El Árbol de la Vida o Sefirótico es una tesis del universo. Está creado como una llave para descifrar todos los misterios de la Creación. Incluso el Antiguo y Nuevo Testamento sólo puede entenderse con la luz de este.

El Árbol de la Vida es el holograma del patrón, el universo y todo lo creado. Estudio de la Cábala. Los judíos abrazan fuertemente la tradición, para ellos el árbol de los sefiroth, es un ideograma que representa las diez esencias o sefiroth. Para los cabalistas judíos, los diez sefiroth son las diez luces de la inteligencia, que son los diez atributos del santo, los diez aspectos de cómo se manifiesta la esencia Divina, las diez etapas proféticas, las diez palabras a partir de las cuales Yave creo el mundo, y los diez números que miden todo en el universo. A los diez sefiroth también se le atribuyen los poderes y las potencias de Yave.

Del árbol semiótico se contemplan también los nueve coros angelicales. Cabalistas colocaban sobre los senderos del Árbol de la Vida los signos del zodíaco, los planetas y los elementos.

BRIAH, el Mundo de la Creación, también denominado el Mundo de Los Tronos.

En el mundo "Briahtico", las Emanaciones Divinas se manifiestan por intermedio de diez poderosos Arcángeles cuyos nombres desempeñan un papel muy importante en la Magia Ceremonial.

Los restos gastados y borrosos de estos magníficos nombres de Poder constituyen esos "Nombres bárbaros" que usaba la Magia Medieval en sus evocaciones, ninguna de cuyas letras podía ser cambiada.

La razón de esto es que, en hebreo, cada letra representa también un número, y los números de cada nombre tienen un significado importantísimo.

> Arcángel En Kéter: METATRON representaría la conciencia organizativa de Kéter, es el príncipe de los rostros, el príncipe de las fases, la tradición dice que fue él quien entregó la cábala al hombre, el instructor de Moisés.
>
> Arcángel En Jojmá: RATZIEL significa la lanza de Dios.
>
> Arcángel En Biná: TSAFQUIEL la contemplación de Dios.
>
> Arcángel En Jesed: TZADQUIEL significa, el justificador de Dios, el que otorga.

Arcángel En Gevurá: KAMAEL es el destructor de Dios.

Arcángel En Tiféret: MIJAEL significa el campeón de Dios.

Arcángel En Netsaj: HANIEL o ANIEL es el acusador (emoción) de Dios.

Arcángeles En Hod: RAFAEL sanador de Dios, se representa con los ungüentos y el báculo.

Arcángel En Yesod: GABRIEL portador de la visión, anunciación, el poderoso de Dios.

Arcángel En Maljút: SANDALFON significa el Ángel largo, representaría un poco el aspecto de unión o el Ángel del contacto.

La cábala era una tradición oral entre los judíos, una tradición de enseñanzas ocultas que se transmitía entre los estudiosos de la filosofía trascendental de boca del maestro a oído del discípulo.

Los 72 Ángeles Guardianes De La Cábala

El mundo de los Ángeles no es otro sino éste, son Seres astrales que nos pueden ayudar siempre que les demos nuestra confianza y nuestro reconocimiento. Han existido siempre - a través de los tiempos y de las culturas - y hoy en día están tan vivos como siempre lo estuvieron.

Acude a ellos y recibirás respuesta. A continuación, aparece una lista de fechas y nombres en la que podrás ver cuál es el Ángel que te corresponde según tu fecha de nacimiento.

Lista Para Identificar A Tu Ángel

	Los 72 Ángeles del Coro Angélico		
	Nombre	**Dedicación**	**Fecha a la que pertenece**
1	Vehuiah	Voluntad	21 al 25 de marzo
2	Jeliel	Amor y sabiduría	26 al 30 de marzo
3	Sítael	Voluntad de construir	31 de marzo al 4 de abril
4	Elemiah	Poder divino para crear	05 al 09 de abril
5	Mahasíah	Capacidad de rectificar	10 al 15 de abril
6	Lelahel	Luz, entendimiento, conciencia	15 al 20 de abril
7	Achaiah	Paciencia, dotes de observación	21 al 25 de abril
8	Cahetel	Bendición de Dios	26 al 30 de abril
9	Haziel	Misericordia de Dios	01 al 05 de mayo
10	Aladiah	Gracia Divina	06 al 11 de mayo
11	Laviauh	Victoria	12 al 16 de mayo
12	Hahaiah	Refugio, aislamiento protector	17 al 21 de mayo
13	Iezalel	Fidelidad	22 al 26 de mayo
14	Mebael	Verdad, libertad y justicia	27 al 31 de mayo
15	Hariel	Purificación	01 al 06 de junio
16	Hekamiah	Lealtad	07 al 11 de junio
17	Lauviah	Revelación interna de la verdad	12 al 16 de junio

18	Caliel	Justicia	17 al 21 de junio
19	Leuviah	Inteligencia expansiva y fructificante	22 al 27 de junio
20	Pahalíah	Redención, discernimiento y rectificación	28 de junio al 02 de julio
21	Nelkhael	Afán de aprender	03 al 07 de julio
22	Yeiayel	Renombre, éxito y fortuna	08 al 12 de julio
23	Melahel	Capacidad curadora	13 al 18 de julio
24	Haehuiah	Protección contra la venganza	19 al 23 de julio
25	Nith-haiah	Sabiduría	24 al 28 de julio
26	Haaiah	Ciencia política	29 de julio al 02 de agosto
27	Yerathel	Propagación de la luz	03 al 07 de agosto
28	Seheiah	Longevidad	08 al 13 de agosto
29	Reiyel	Liberación	14 al 18 de agosto
30	Omael	Multiplicación	19 al 23 de agosto
31	Lecabel	Talento resolutivo	24 al 28 de agosto
32	Vasariah	Justicia clemente	29 de agosto al 02 de septiembre
33	Yehuiah	Subordinación	03 al 08 de septiembre
34	Lehahíah	Obediencia	09 al 13 de septiembre
35	Chavakiah	Reconciliación	14 al 18 de septiembre
36	Menadel	Trabajo	19 al 23 de septiembre
37	Aniel	Dios de las virtudes	24 al 28 de septiembre
38	Haamiah	Sentido ritual y ceremonial	29 de septiembre al 03 de octubre
39	Rehael	Sumisión filial	04 al 08 de octubre
40	Ieiazel	Consuelo o regocijo	09 al 13 de octubre
41	Hahahel	Sacerdocio consagración a Dios	14 de 18 de octubre
42	Mikael	Orden político	19 al 23 de octubre
43	Veuliah	Prosperidad	24 al 28 de octubre
44	Ylahiah	Talento militar	29 de octubre al 02 de noviembre
45	Sealiah	Motor, voluntad continuadora	03 al 07 de noviembre
46	Arial	Percepción reveladora	08 al 12 de noviembre
47	Asaliah	Contemplación	13 al 17 de noviembre
48	Mihael	Generación, deseos fecundos y creadores	18 al 22 de noviembre
49	Vehuel	Elevación o grandeza	23 al 27 de noviembre

50	Daniel	Elocuencia	28 de noviembre al 01 de diciembre
51	Hahasiah	Medicina universal o piedra filosofal	03 al 07 de diciembre
52	Imamiah	Expiación de errores	08 al 12 de diciembre
53	Nanael	Comunicación espiritual	13 al 17 de diciembre
54	Nithael	Legitimidad sucesoria-Ángel de la pareja	18 al 22 de diciembre
55	Mebahiah	Lucidez intelectual	23 al 27 de diciembre
56	Poyel	Sostén material, fortuna, talento y modestia	28 al 31 de diciembre
57	Nemamiah	Entendimiento, discernimiento	01 al 05 de enero
58	Yeialel	Fortaleza mental	06 al 10 de enero
59	Harael	Riqueza intelectual	11 al 15 de enero
60	Mitzrael	Reparación, curación mental	16 al 20 de enero
61	Umabel	Afinidad, amistad, analogía	21 al 25 de enero
62	Iah-hel Afán	De saber	26 al 30 de enero
63	Anauel	Percepción de la unidad	31 de enero al 04 de febrero
64	Mehiel	Vivificación, materialización de los impulsos	05 al 09 de febrero
65	Damabiah	Fuente de sabiduría	10 al 14 de febrero
66	Manakel	Conocimientos del bien y del mal	15 al 19 de febrero
67	Eyael	Transubstanciación	20 al 24 de febrero
68	Habuhiah	Curación, conservación de la salud	25 de febrero al 01 de marzo
69	Rochel	Restitución	02 al 06 de marzo
70	Jabamiah	Alquimia transmutación	07 al 11 de marzo
71	Haiaiel	Armas para combate, discernimiento y protección	12 al 16 de marzo
72	Mumiah	Finalización, renacimiento	17 al 20 de marzo

La Angelología de acuerdo con la comunidad Esenia

Los esenios eran una comunidad espiritual de Palestina que se originó 300 años A de C., eran junto con los fariseos, saduceos y celotes, una de las «sectas judías» más numerosas, importante y respetada por todos los pueblos vecinos. Para esta comunidad esenia, la Angelología es uno de los secretos más preciados. Tiene sus raíces desde los tiempos de Moisés y se cree que fueron los primeros que se dedicaron al estudio de la Angelología.

En 1947 se encontraron unos textos sagrados en Qumrán (junto al mar muerto) donde se habla que la comunidad esenia creía que cada hombre o Ser humano posee tres Ángeles de la guarda y en muchas ocasiones pueden tener hasta cinco Ángeles protectores. La base de la creencia de esta comunidad radica en el Árbol de la Vida cuyas raíces están fundadas o enraizadas en la tierra y sus siete ramas llegan hasta el Cielo. Estas ramas del árbol corresponden a las siete mañanas y a las siete noches de la semana y con los siete Arcángeles. De esta manera, los esenios relacionaron a los siete Arcángeles con los siete días de la semana.

Plan Semanal Angelical Para Vivir En Armonía De La Comunidad Esenia

Sábado Casiel (Ángel de la Justicia) este día era consagrado a la buena conciencia y practicaban el ayuno.

Domingo Miguel (Ángel de la Tierra) este día era consagrado al cuidado de la tierra, al trabajo de la creatividad y jardinería.

Lunes Gabriel (Ángel de la Vida) este día era consagrado al silencio y la meditación.

Martes Camael (Ángel de la Alegría) este día era consagrado a la contemplación de la vida y sus dones, meditación en silencio.

Miércoles Rafael (Ángel del Sol) este día era consagrado al sol, permitían que la fuerza de la luz del sol nutriera sus cuerpos, también lo dedicaban a la meditación matinal al aire libre.

Jueves Zadkiel (Ángel del Agua) este día era consagrado a la purificación, se acostumbraba el baño en una atmósfera de paz, relajación y contemplación.

Viernes Anael (Ángel del Aire) este día era consagrado a la inspiración, la exhalación de universo, haciendo ejercicios de respiración controlada.

Esta ciencia o cosmología macro (de grande escala) y micro (de pequeña escala) cósmica de la comunidad esenia puede perfectamente relacionarse con el otro Árbol de la Vida, el árbol custodiado por el querubín en el jardín del Edén.

Enseñanzas de Moisés en la comunidad Esenia

"En las enseñanzas ocultas de Moisés que aparecieron en el libro del Génesis, fue el Árbol del Conocimiento en el Edén, el que incluye toda la sabiduría necesaria para la evolución del hombre, protegido y guardado por los Ángeles, la representación del Árbol de la Vida. Los Esenios añadieron a los conceptos del Árbol la Angelología. Los Ángeles eran las fuerzas del universo y la creación. A pesar de pertenecer al mundo invisible, estas fuerzas era una fuente de energía y el hombre se veía beneficiado de ellas.

Sabían que según el hombre que utilizaba estas energías, así avanzaría en su evolución individual en cuerpo y espíritu.

Al mantener la armonía con estas fuerzas su vida prosperaría.

A pesar de que en muchas culturas existía el concepto de la dualidad, la lucha entre el bien y el mal, los Esenios diferían de estas representaciones y solo reconocían únicamente las fuerzas positivas y constructivas del Universo.

El hombre debía reforzar solamente las fuerzas positivas a fin de que las malas y negativas fueran vencidas y desaparecieran de la Tierra.

"El Árbol de la Vida Esenio representaba catorce Fuerzas Positivas, siete Celestiales o Cósmicas y siete Terrestres o Planetarias. Este Árbol tenía siete raíces profundizando en la Tierra y siete ramas que se extendían hacia el Cielo, simbolizando la relación del hombre tanto con la Tierra como con el Cielo. El hombre era el centro del Árbol, el camino entre la Tierra y el Cielo".

La relación del maestro Jesús y la comunidad Esenia

"Aunque han intentado borrarlos de todos sitios, el hallazgo de los Rollos de Escrituras encontrados en el Mar Muerto ofrece testimonio de sus creencias. Las narraciones de los historiadores contemporáneos informaban sobre unas comunidades que observaban unas reglas particulares. Unas comunidades que tenían unas creencias especiales, con conceptos morales distintos y que interpretaban de manera singular las palabras de las antiguas escrituras. Algunas de las descripciones surgieron por interpretaciones erróneas y por las envidias que provocaban esas gentes ya que, debido a sus facultades especiales estaban capacitados para sanar y tenían capacidades mediúmnicas. De ello se puede deducir que las enseñanzas de Jesús y las de los cristianos originales nada tenían que ver con las enseñanzas habituales".

"Fueron los Esenios quienes prepararon el terreno espiritual para la llegada del Mesías y quienes bajo la guía y dirección de los Ángeles pusieron su sabiduría secreta al servicio de la humanidad. Eran conocidos por llegar a una avanzada edad, por su vigor, por su fuerza y su salud. El contacto constante con los Ángeles les permitía realizar actos extraordinarios, como por ejemplo la sanación espiritual o trabajar conjunta e intensamente con animales y plantas. Fueron los verdaderos precursores del cristianismo y vivieron tanto en Israel como en otros países. Sus "hermanos egipcios", por ejemplo, eran conocidos bajo el nombre de "terapeutas".

"Vivían en pueblos formando comunidades (de hombres, mujeres y niños) y sus centros de formación gozaban de gran reputación. El centro de formación más famoso se encontraba en el monte Carmelo y bajo ese nombre era conocido. En el Carmelo, fue donde Jesús realizó su formación como maestro Esenio y también allí es donde, durante un tiempo, estuvo enseñando antes de recibir el bautismo a manos de Juan el Bautista. Los Esenios brindaban todo su amor, toda su fuerza al prójimo. Ayudaban a todos aquellos que tenían alguna necesidad y enseñaban a sus semejantes en muchos ámbitos, como, por ejemplo, en lo referente a la agricultura, el cultivo de árboles frutales o también la ayuda a los enfermos. Pero también transmitían sus conocimientos sobre las leyes de la naturaleza, la astronomía, la nutrición y las ciencias esotéricas. Las personas enfermas acudían a ellos, obtenían cuidados y recibían sanación mediante remedios con plantas, aceites y a través de la sanación espiritual". (Manuscritos del Mar Muerto (es.m.wikipedia.org)).

La vida de los esenios y, por tanto, todos sus actos podían entenderse bajo el siguiente lema:

"El contacto activo con los Ángeles era uno de los objetivos fundamentales de los esenios, y ellos tenían una manera concreta de conectar con estas energías, al inicio del nuevo día (por la noche) se unían a los Ángeles del Padre Celestial y por la mañana a los de la Madre Terrenal, al medio día meditaban en la Séptuple PAZ y de esta forma conseguían mantener el equilibrio de sus 3 cuerpos: El Pensante, el Sintiente y el Actuante".

"La llamada comunión con los Ángeles que realizaban a diario era la manera que tenían de realizar un tipo de meditación y al mismo tiempo oración contemplativa que les permitía sentir en su propio cuerpo las energías sutiles a los que denominaban Ángeles, de hecho, fueron los primeros en utilizar el término «Angelología» que se refiere al estudio de esas energías y su uso de manera consciente. A su forma de evocar para crear su realidad, mediante la unión de mente, emoción y cuerpo, se le ha llamado literalmente, la verdadera oración". (Singer, T. 2004, PP 50-52). (Los esenios (worldhistory.org)).

Rituales en la Historia de los Ángeles

El Ritual de la cruz de los Cabalistas[5]

El ritual de la cruz de protección se usa para proteger y energizar a la persona. Este ritual invoca el poder de los cuatro grandes Arcángeles: Rafael, Miguel, Gabriel y Uriel, y está basado en la Cábala Sagrada.

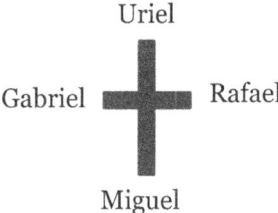

La ceremonia es sencilla. La persona se para frente al este y traza sobre sí misma la cruz cabalística de la siguiente manera:

---

[5] Ritual de La Cruz Cabalística (vdocuments.net).

Con la mano derecha se toca la frente y dice:
ATEH

Luego lleva la mano al plexo solar y dice:
MALKUT

Se toca el hombro derecho y dice: VE
GEBURAH

Se toca el hombro izquierdo y dice: VE
GEDULAH

Finalmente une las manos frente al pecho y
dice: AMEN.

Seguidamente une los dedos índice y mayor, cerrando el pulgar sobre la palma de la mano. En dirección hacia el este, apunta con el brazo extendido hacia un punto más arriba de su cabeza y traza en el aire la cruz, diciendo:

"EN EL NOMBRE SAGRADO DE DIOS Y DEL
GRAN ARCÁNGEL GABRIEL YO SELLO ESTE
CIRCULO CON LA CRUZ SAGRADA"

Gira como las agujas del reloj, de izquierda a derecha y se pone frente al sur diciendo:

"EN EL NOMBRE SAGRADO DE DIOS Y DEL GRAN ARCÁNGEL MIGUEL YO SELLO ESTE CIRCULO CON LA CRUZ SAGRADA"

Gira igual hacia el oeste, diciendo:

"EN EL NOMBRE SAGRADO DE DIOS Y DEL GRAN ARCÁNGEL RAFAEL YO SELLO ESTE CIRCULO CON LA CRUZ SAGRADA"

Finalmente, frente al norte dibuja la cruz otra vez diciendo:

"EN EL NOMBRE SAGRADO DE DIOS Y DEL GRAN ARCÁNGEL URIEL YO SELLO ESTE CIRCULO CON LA CRUZ SAGRADA"

La persona continúa moviéndose a la derecha hasta regresar al punto este. Cuando llega ahí, abre los brazos y dice:

> *"Frente a mí, Gabriel*
> *Detrás de mí, Rafael*
> *A mi derecha, Miguel*
> *A mi izquierda, Uriel*
> *Frente a mí,*
> *Llame a la cruz de protección"*

Una vez que ha trazado las cuatro cruces, la persona las visualiza llamando en cada punto cardinal, unidos por un círculo también de fuego. En estos momentos, la persona puede hacer cualquier petición que desee a uno o más de los Ángeles o llevar a cabo cualquier ceremonia donde los Ángeles le sirvan de protección.

Antes de dar por terminado el ritual: la persona, de frente ahora al este, diciendo:

> *"EN NOMBRE DE LA FUERZA CREADORA DEL UNIVERSO Y DE SUS GRANDES ÁNGELES RAFAEL, MIGUEL, GABRIEL Y URIEL, ESTE RITUAL HA CONCLUIDO"*

DOY GRACIAS A ESTOS PODEROSOS ESPÍRITUS DE LUZ POR SU PRESENCIA CONMIGO EN ESTE DÍA AMÉN, AMÉN, AMÉN.

Ángeles y sus Signos del Zodiaco

Signo zodiacal	Fecha de nacimiento	Astro	Elemento
Ariel /Aries	Del 21 de marzo al 20 de abril	Marte y Plutón	Fuego
Chamuel/Tauro	Del 21 de abril al 20 de mayo	Venus y Tierra	Tierra
Zadquiel/Géminis	Del 21 de mayo al 21 de junio	Mercurio	Aire
Gabriel/Cáncer	Del 22 de junio al 22 de julio	Luna	Agua
Raziel/Leo	Del 23 de julio al 23 de agosto	Sol	Fuego
Metatron/Virgo	Del 24 de agosto al 23 de septiembre	Mercurio	Tierra
Jofiel/Libra	Del 24 de septiembre al 22 de octubre	Venus	Aire
Jeremiel/Escorpio	Del 23 de octubre al 22 de noviembre	Plutón y Marte	Agua
Raguel/Sagitario	Del 23 de noviembre al 21 de diciembre	Júpiter	Fuego
Azrael/Capricornio	Del 22 de diciembre al 19 de enero	Saturno	Tierra
Uriel/Acuario	Del 20 de enero al 19 de febrero	Urano y Saturno	Aire
Sandalfon/Piscis	Del 20 de febrero al 20 de marzo	Neptuno y Júpiter	Agua

Ángeles Protectores, Signos Zodiacales, Planetas, Metales, Colores, Piedras y Días De La Semana

Nombre	Signo	Planeta	Metal	Color	Piedra	Día
Camael	Aries	Marte	Hierro	Rojo	Diamante	Martes
Anael	Tauro	Venus	Cobre	Venus	Verde Esmeralda	Viernes
Rafael	Géminis	Mercurio	Mercurio	Amarillo	Ágata	Miércoles
Gabriel	Cáncer	Luna	Plata	Violeta	Perla	Lunes
Miguel	Leo	Sol	Oro	Dorado	Rubí	Domingo
Rafael	Virgo	Mercurio	Mercurio	Azul grisáceo	Zafiro	Miércoles
Anael	Libra	Venus	Cobre	Rosado	Ópalo	Viernes
Azrael	Escorpión	Plutón	Hierro	Vino	Topacio	Martes
Zadquiel	Sagitario	Júpiter	Estaño	Ultramarino	Turquesa	Jueves
Cassiel	Capricornio	Saturno	Plomo	Negro	Granate	Sábado
Uriel	Acuario	Urano	Platino	Violeta	Amatista	Sábado
Azariel	Piscis	Neptuno	Platino	Verde Agua	Agua marina	Jueves

NOTA IMPORTANTE

La idea de filosofía de los Ángeles en la astrología es basada en tradiciones, una mezcla de astrología, teología y pensamientos esotéricos formados en la nueva era o New Age. De acuerdo con "Suma Teológica" o revisión que hizo Tomas de Aquino en la Edad Media a los textos de los Padres, Doctores y Sabios de la iglesia, "se examina a los Ángeles según sus atributos tradicionales, los significados cabalísticos, la semejanza astrológica y sus campos de intervención y dominio". Porque se ha filosofado que ellos tienen un papel de Dominadores planetarios, entendidos como en el sentido clásico de la astrología y la mitología.

NOTA FINAL

El conocimiento de la teología no ha podido demostrar o explicar las verdades reveladas, pero sí exponerlas con argumentos de conveniencia. Por esta razón, cada individuo, necesita estudiar la historia y sus propias experiencias personales y espirituales para formarse su propia filosofía de lo que es Dios y los Ángeles.

Por eso escribe Santo Tomás de Aquino:

> *"Para la perfección del universo se requiere cierta graduación en las criaturas que se vaya acercando a la perfección infinita de Dios, su Creador. Hay criaturas que se parecen a Dios solamente en el existir, como las piedras; otras, como las plantas y los animales, en el vivir; otras, en el entender imperfectamente, como el hombre. Parece pues natural, que existan otras criaturas puramente espirituales y perfectamente intelectivas, que se parezcan a Dios de la manera más perfecta en que se le pueden parecer las criaturas".*

Escribió San Agustín de Hipona, "Los Ángeles no lo son por ser espíritus, sino por ser enviados. Si preguntas por el nombre de su naturaleza, son espíritus; si preguntas por su oficio, son Ángeles". (Agustín de Hipona, Enarrationes in Psalmos, 103ss PL 37, cols. 1348-1349).

Canalización Angelical: Escuchando la voz de Dios a través de sus Ángeles

Después de conocer lo que es el mundo de los Ángeles, vamos a entrar a lo que es la canalización o conexión angélica. Aquí también vamos a aprender un poco más de los Ángeles, pero en la manera de cómo ellos se comunican con nosotros o cómo tenemos esa comunicación con el mundo angelical.

Coro de Ángeles

Para resumir el tema podemos decir que en los Principados encontramos el tercer trío de coros angélicos, conformado por Principados, Arcángeles y Ángeles de la guarda. Son los Ángeles más cercanos a la tierra. Los Principados protegen naciones y ciudades para proteger la paz. Los Arcángeles supervisan a los Ángeles de la guarda y a los hombres en la tierra. Y los Ángeles de la Guarda están con cada individuo de manera personal o al nivel alma.

Ayuda Angélica: Llamadas de Auxilio

Todos podemos conectar con los Ángeles, solo necesitamos dar nuestro permiso. El denominado Libre Albedrío permite abrir la puerta y el corazón al mundo espiritual. Debemos comprender que hay Ángeles para todo, esto parte del inmenso amor de Dios, que brinda la protección de los Ángeles para todos los hombres, para la fuerza, la salud, la abundancia, la belleza, para los problemas familiares, para el romance, entre otros. Además, contamos con los Ángeles guerreros, guiados por el Arcángel Miguel para la paz y la protección del planeta.

El Ángel de la guarda

Vamos a aproximarnos a conocer sobre estos Ángeles que nos acompañan desde nuestra existencia, estos Ángeles que siempre están a nuestro lado, los Ángeles de la guarda. Los Ángeles en general no tienen género sexual, es decir son energías femeninas o masculinas. Tampoco tienen alas, sino que la percepción humana, a través de los pintores de los tiempos pasados confundió el aura con alas. Los Ángeles son luz, energía, manifestaciones de Dios en nuestra mente.

La relación con el Ángel de la guarda depende de la frecuencia en que nos comunicamos con él o ella. Todos los Ángeles de la guarda, como nosotros, también tienen nombre, por ello es importante para nosotros poder llamar a nuestro Ángel por su nombre, pero no es importante para el Ángel.

¿Cómo podemos saber su nombre?

Ellos nos dicen su nombre, estos pueden ser raros. El nombre puede venir por diferentes partes como, de la radio, televisión, un letrero, entre otros. Pero aparecen por nuestra humanidad los gritos del ego, es decir el ego intenta convencernos de que el nombre dicho es nuestra imaginación. Para ello se puede pedir una confirmación de nombre, mediante la relajación, la meditación y el hablar con su Ángel.

Las canalizaciones son un método adecuado para conocer el nombre, esto se puede hacer con otra persona, aunque no esté presente, entonces nosotros preguntamos el nombre del Ángel de la guarda de esa persona poniéndose en sintonía con el amor de esa persona. Para ello solo hay que relajarse de la mejor manera posible, respirando profundamente y manteniendo la intención con el Ángel de esa persona. Cuando sabemos el nombre del Ángel se lo damos a la persona y es como si se estuviera recibiendo el nombre directamente de su propio Ángel.

Conectando con nuestro Ángel de la guarda.

Se hace una oración:

Señor Dios, te pido que me hagas un canal puro y perfecto de amor, aparta de mí el ego y que pueda ver, sentir, saber y escuchar lo que va a decir mi Ángel de la guarda o el Ángel de la guarda de------.
Respira profundamente y di, amado Ángel de mi Guarda o amado Ángel de la guarda de-----, por favor dime tu nombre.
Llena tu corazón de amor, guarda silencio y espera un instante, el primer nombre que llegue a tu mente, es el nombre de tu Ángel o el nombre del Ángel de la guarda de la persona con la que estás trabajando. El nombre puede ser raro o muy común, no te preocupes que ese es el nombre correcto que tu Ángel te está regalando.

Los Arcángeles

Del griego achí (primero o principal) y angelos (el mensajero de Dios), su nombre significa el "principal mensajero de Dios". Los Arcángeles son los jefes, mensajeros de Dios y juegan un papel más amplio ayudando a los humanos en la tierra. No son físicos, son más grandes y poderosos que los Ángeles. Los podemos sentir, escuchar y ver físicamente cuando nos ponemos en sintonía con ellos.

Los Arcángeles son muy poderosos, cada uno tiene una especialidad para representar diferentes facetas de Dios en la tierra. Ellos no pertenecen a ninguna denominación religiosa, socorren a todo el que pide su ayuda. Pueden estar en diferentes lugares al mismo tiempo (omnipresentes) y se mueven fuera de espacio y tiempo.

Al igual que los Ángeles, los Arcángeles se pueden identificar por su energía, vibración y el color de su luz. Todo depende de nuestra percepción. La historia de los Arcángeles en los libros es diferente dependiendo de la fe y el libro.

La Biblia
El Corán
El Testamento de los Levíticos

La Cábala
El Tercer Libro de Enoc, entre otros.

Lo importante es nuestra experiencia personal espiritual con los Ángeles, como nuestro sentir, sentir sus emociones, ver su luz, escuchar su voz, visiones y sueños. Mediante la percepción podemos observar si son energías masculinas o femeninas.

Sanando con los Arcángeles

Cuando hacemos sanación trabajamos con el Arcángel Miguel, él corta todo cordón o lazo etéreo, protege nuestro cuerpo con su energía y forma una capa azul. El Arcángel Rafael nos ayuda con la sanación de todo mal; en general cuando los lazos son cortados por Arcángel Miguel, el Arcángel Rafael cubre esos cortes con su luz verde esmeralda. También trabajo con Arcángel Metatron.

Los Arcángeles siempre están buscando la manera de trabajar con nosotros en conjugación con Dios. Los Arcángeles se mueven entre la tercera y quinta dimensión. Debemos tener en cuenta que no oramos a los Ángeles y tampoco los adoramos, sino que toda la gloria va para Dios. Es nuestra decisión si queremos hablar directamente con Dios. No se puede pedir a los Ángeles separados de Dios.

Los libros sagrados son puntos importantes de referencia para nosotros los angelólogos y canalizadores. En Daniel, están Miguel y Gabriel ayudándole a este a entender sus visiones. En Lucas, Gabriel anuncia el nacimiento de Juan el Bautista y el nacimiento del Maestro Jesús. También San Judas habla de Gabriel protegiendo el cuerpo de Moisés cuando muere antes de llegar a la tierra prometida en el desierto. El libro de Las Revelaciones (Apocalipsis) nos habla de los siete Arcángeles.

En los libros Apócrifos, escritos que no se encuentran en la Biblia Cristiana y que se consideran sagrados porque son parte de la iglesia Ortodoxa Oriental y otras religiones, tenemos escritos que nombran a los Ángeles y Arcángeles. El Libro de Enoc, habla del Arcángel Miguel, Rafael, Gabriel, Uriel, y Metatron. El Libro de Tobías (libro Apócrifo del antiguo testamento), habla del Arcángel Rafael que guío a Tobías en sus viajes ayudándole a crear ungüentos sanadores para su padre. El Libro de Esdras, se refiere al Arcángel Uriel como el Ángel de la Salvación (Iglesia Ortodoxa Copta) y el Corán (Qur'an) fue una canalización/revelación del Arcángel Gabriel al profeta Muhammad. También el Corán y la Tradición Musulmana hablan del Arcángel Miguel, Rafael y Azrael.

¿Cuántos Arcángeles existen?

Esta respuesta depende de la religión y cultura de cada persona, nuestra creencia o fe y nuestra percepción cuenta mucho. En el libro de las Revelaciones (Cap. Apoc) se habla de siete Arcángeles, en el libro de Tobías (Cap. Tobías), Rafael menciona que él era uno de los siete. Los Gnósticos también hablan de siete Arcángeles. En cada religión o cultura los Ángeles se describen diferente, por ejemplo, la Cábala (judía) reconoce al Arcángel Metatron como el Arcángel mayor y reconoce a 10 Arcángeles.

Otro punto interesante es destacar qué sucede en el bajo astral, es decir cuando estamos en un estado mental donde no estamos vibrando en el amor, que nos encontramos con depresión, ansiedad, enojo, envidia, frustración, celos, todos ellos derivados del miedo.

Esto puede ser cuando estamos encarnados o desencarnados. En este estado de baja vibración no se puede conectar con la Divinidad, debemos tener en claro que las energías bajas existen y este estado es muy normal en los Seres humanos debido a la dualidad, ya que vivimos en el mundo de los opuestos.

En mi experiencia: las energías de miedo de otras personas pueden afectar al canalizador cuando no está bien protegido, con fe y la confianza en Dios, (algo que puede pasar al canalizador nuevo) por lo que es más fácil enfrentarse con energías bajas. Un canalizador tiene que conocerse a sí mismo, y saber si emocionalmente está preparado.

Cuando canalizamos y se presenta un Ser que no conocemos es importante preguntar si es un Ser de luz. Los espíritus no pueden mentir y además el canalizador también puede sentir si es una energía de baja o alta vibración. En caso de que se enfrenten a una energía de baja vibración es mejor cerrar esa puerta, obviamente que nosotros tenemos libre albedrío y podemos decidir lo que queremos o no queremos hacer.

<u>La comunicación con los Arcángeles</u>

Como ya hemos visto, todos tenemos un Ángel de la guarda y todos podemos hablar con nuestro Ángel de la guarda, que es nuestro Ser superior, que está en conexión con la divinidad. También existe nuestro "Yo" inferior, que está apegado al cuerpo y a la dualidad, y este Ser inferior es nuestro ego, no es nada sabio, porque es solo miedo. Este es un falso "Yo".

La telepatía y la intuición existen, y ellas se usan para comunicarse con el Ángel de la guarda propio u otros Ángeles de la guarda. Pero para comunicarnos debemos abandonar nuestros temores que vienen del ego. Por ello debemos usar la conexión con Dios y el Espíritu Santo para contrarrestar el miedo.

¿Cómo realizar esta comunicación?

La manera es visualizar la luz blanca que nos envuelve y nos conecta con el mundo espiritual, sentirnos rodeados de Ángeles y Arcángeles. Debemos tener en cuenta que lo que nos puede impedir esta comunicación es pensar que la comunicación con los Ángeles es pecado o blasfemia, por ejemplo, o que por el miedo no vamos a recibir mensajes.

Algo frecuente es tener miedo a que sea solo nuestro ego hablando, miedo que al ser guiados debamos sufrir, ya que no hay merecimiento sin sufrimiento, miedo a saber o reconocer si en verdad estamos hablando con Dios.

¿Cómo soltamos los miedos?

Ignorando los chillidos del ego, estos se oponen a nuestros pensamientos amorosos. Si realmente queremos comunicarnos con Ángeles, con Seres de luz y guías espirituales (espíritus), debemos entregar nuestros miedos a Dios y pedirle que nos mande su ayuda a través de los Arcángeles Miguel y Jofiel, para que nos ayuden a deshacer el miedo. Tener relajación, cuidado físico y mental. Pero, por, sobre todo: "Práctica, práctica, y más práctica de nuestra comunicación con Dios y sus Ángeles".

Es importante saber que nos podemos comunicar con las Ángeles a través de nuestros sentidos, pero es importante saber también cuál sentido tenemos más desarrollado para comunicarnos con el mundo espiritual.

Los cuatro sentidos psíquicos son:

Clarividencia

Clarisensibilidad

Clariconocimiento

Clariaudiencia

Clarividencia:

Aquí apelamos a nuestro sentido de la vista, lo que miramos con los ojos físicos, sueños, visiones, señales enfrente de nosotros, objetos que se mueven, órbitas, rayos de luz, auras, números, etc.

Las personas clarividentes son muy visuales, pueden notar todo a través de la vista, las personas, lugares, comidas, y son muy creativas a través de la vista.

Los miedos del clarividente son: Miedo de perder el control y miedo de ver Ángeles y personas fallecidas por todas partes. Tengamos en cuenta que los dones se pueden canalizar y nosotros estamos en control, por ello no debemos tener miedo de ver cosas y Seres horribles como en las películas.

El mundo espiritual es amoroso, por ello no debemos tener miedo a engañarnos a nosotros mismos ya que todo es imaginación, y los espíritus del bajo astral que se hacen pasar por el Ángel de la guarda, no son posible. Tampoco debemos tener miedo de ser castigados por ser clarividentes, ni es un pecado, ni es algo malo ni estamos equivocados.

Otros de los miedos son el de hacer el ridículo, ser categorizado como loco, raro, ser juzgados por la familia con actitud fundamentalista. Pero la realidad es que somos trabajadores de la luz, índigo, cristal, diferentes, pero no raros. Hay que estar preparados para los cambios. Los clarividentes podemos dar un giro de 180 grados.

Los clarividentes siempre han existido, aunque fueron criticados en el Antiguo Testamento. En el Nuevo Testamento Pablo habla de los dones; Jesús y otros hablaron con los muertos y espíritus. Debemos comprender que como en la antigüedad todos somos psíquicos, de niños creemos porque no nos cuestionamos, porque nuestro ego no viene a cuestionarnos. En palabras de Juana de Arco, debemos comprender que "...de qué otra manera Dios se va a comunicar conmigo, sino a través de mi imaginación..." Estas fueron las palabras que pusieron a Juana de Arco en la hoguera porque querían deshacerse de ella y esta respuesta que fue completamente lógica se tomó como algo maligno y la acusaron de bruja. El rey de Francia no la necesitaba más y la creía una amenaza a su reinado porque el pueblo la amaba. Hoy en día, Juana de Arco es, Santa Juana de Arco. Se reconoció que ella no alucinaba si no que tenía una visión espiritual.

Clarisensibilidad:

Estas son emociones físicas, la sensibilidad es uno de los sentidos que más personas desarrollan para sentir a los Ángeles y a los espíritus. Cuando elevamos nuestra vibración de amor, podemos sentir su presencia. Todos podemos sentir a los Ángeles y los espíritus, pero hay que tener la seguridad y creerlo.

¿Cómo se siente una presencia?: percibes aroma a flores que no hay a tu alrededor, o sentimos que alguien nos toca, nos acarician el cabello, nos dan un empujoncito, nos sentimos protegidos, acompañados, sintiendo un abrazo amoroso, un cambio de presión en el aire, algo que te aprieta la cabeza, sientes que algo golpea tu frente, una impresión o un sentir que un espíritu atraviesa tu cabeza, una sensación de ser sumergido bajo agua. La temperatura del aire cambia, se siente euforia, como un pensamiento de que lo que está pasando no es real.

Protección: las personas clarisensibles son demasiado sensibles, absorben la energía de otras personas y sienten que no pueden con toda la carga de problemas, emociones y sentimientos, porque pueden canalizar todo. La protección para las energías tóxicas es importante, hay que rodearse de energía angélica, sonreír, escuchar música, invocar al Arcángel Sandalfón, la luz rosa de Chamuel, cubrirse con la luz antes de hacer un trabajo, hay que descansar, no comer demasiado, no tener hambre, limpiar pensamientos negativos, limpiar las energías tóxicas en nosotros muy seguido.

Debemos tener en cuenta que las presencias angelicales son tibias, seguras, amorosas y cómodas, pero las falsas son frías, extrañas y dan miedo.

Clariconocimiento:

Esto es tener sabiduría, información, conocimiento que estamos seguros de que lo tenemos, pero no sabemos cómo llegó a nosotros. Nosotros solo sabemos que sabemos que viene de Dios, de la Divinidad. Hay muchos inventores, escritores, músicos, artistas que tienen el don del clariconocimiento, como por ejemplo Thomas Edison.

Entonces nos preguntamos, ¿Cómo se da el Clariconocimiento? Y respondemos que es cuando conocemos a una persona, naturalmente y de repente sabemos detalles acerca de esa persona, cuando tenemos premoniciones de cómo hacer un negocio, de viajes, de relaciones. Tenemos ideas para escribir un libro, abrir un negocio y poseemos gran intuición, ahí hablamos de que la persona posee clariconocimiento. También se da cuando se pierde algo y le pides a tus Ángeles y lo encuentras.

Clariaudiencia:

Es escuchar claramente, se emplea el sentido del oído. Podemos escuchar los mensajes de los Ángeles a través del sentido del oído. Hay que saber la diferencia de cuando una persona está recibiendo mensajes del mundo espiritual o si está sufriendo de un problema psicológico como la esquizofrenia, bipolaridad, trastorno de identidad disociativo de personalidad múltiple, u otro problema donde hay una patología.

¿Cómo podemos saber si lo que escuchamos son mensajes de un Ángel o un problema patológico?

La línea es bien delgada y puede ser un reto hasta para una doctora en psicología clínica como en mi caso, pero siempre se puede saber cuándo hay una patología y nosotros como trabajadores de la luz, canalizadores, nunca debemos descartar esa posibilidad y hablarle a la persona o a los familiares acerca de buscar ayuda psicológica o médica de un cuidador de la salud certificado. Yo siempre hago una evaluación psicológica y espiritual antes de comenzar un tratamiento, pero hay que tener la preparación para esto. Pero todos nos podemos dar cuenta cuando la voz de Dios está hablando a través de sus Ángeles.

La voz de Dios o patología psicológica

La comunicación con Dios y sus Ángeles no significa una patología, sino más bien es la conexión con el amor. Las alucinaciones patológicas son marcadas por un patrón de conducta psicológica, esta conducta se repite durante la presencia de la enfermedad acompañada por otros síntomas y particularmente con la perturbación de conciencia o de estar consciente, pero no alerta. No estamos conscientes de lo que pasa a nuestro alrededor, no estamos orientados. Pero las personas psíquicas o con capacidades paranormales, por lo contrario, tienen episodios de ver, escuchar y sentir lo que ha pasado, está pasando, o puede pasar en otras dimensiones.

Todos hemos escuchado a nuestro Ángel de la guarda toda la vida, pongan atención si alguna de estas cosas les ha sucedido antes:

Cuando se despiertan, escuchan que alguien les llama por su nombre.

Pueden escuchar un cántico celestial.

Te zumban los oídos y escuchas un llamado agudo, estridente y ocurrente.

Escuchas una canción que se repite en tu mente, en la radio, televisión, Facebook, Instagram, etc.

Cuando hablas con un extraño, esa persona te dice exactamente lo que tú quieres oír o lo que necesitas oír.

Tal vez estés buscando ayuda y llamas a algún familiar por teléfono y te das cuenta de que es esa persona la que en realidad necesita ayuda.

Una voz desencarnada te dice que hay que hacer o te dice que no hagas algo porque te va a salir mal.

Cuando pierdes algo y pides ayuda a Dios y sus Ángeles y una voz te dice en dónde está.

Estos episodios están desconectados de cualquier enfermedad psicológica o perturbación de la identidad. Los episodios psíquicos no están nunca acompañados de pérdida de contacto con la realidad como en los casos de una patología mental o psicológica como la esquizofrenia.

Cuando necesitamos algo debemos mantener la intención en lo que pedimos y confiar plenamente sin dudar y vamos a recibir respuestas. Aunque nosotros no escuchemos, estemos seguros de que nuestras oraciones son escuchadas y van a ser contestadas. La contestación puede tardar un día o más, es el tiempo que nosotros mismos nos ponemos para escuchar las respuestas porque en realidad ya fueron contestadas. Las respuestas pueden llegar en los sueños, a través de nuestra mente. Cuando estamos entre dormidos y despiertos, cuando no nos bloquea el miedo.

Escuchar las respuestas de Dios se da por lo general en una forma tradicional mediante la lengua formal. Escuchar la voz de Dios y sus Ángeles en muchas culturas está asociado a estar demente o loco, pero todos los santos del mundo de los libros sagrados escucharon las voces que los guiaron. Si nosotros no hubiésemos escuchado la voz de Dios y sus Ángeles no estaríamos aquí hoy. Todo pasa por una razón, no hay casualidades.

En los casos en los cuales vemos señales de que la persona presenta alguna patología, hay que poner atención. El miedo es el depredador más grande de la psique, de la creatividad, roba todo, debilita el poder y los deseos divinos y siembra dudas. Hay que diferenciar también el miedo con trastornos mentales.

¿Cómo hacer una canalización?

Oración, meditación, visualización, enfoque, relajación, intención, respeto, profesionalismo, responsabilidad, ética, honestidad, etc.

Las preguntas más comunes que se piden o realizan para una canalización son:

    ¿Tengo un Ángel de la guarda?
    ¿Qué miras a mí alrededor?
    ¿Cuál es mi misión de vida?
    ¿Cómo está mi vida amorosa/romance?
    ¿Cómo está mi salud?
    ¿Cómo está mi economía?
    ¿Tengo un alma gemela?
    ¿Cuándo voy a encontrar trabajo?

Canalizar, es ayudar a otros dándoles mensajes amorosos de sus Ángeles y guías espirituales, es traer información del mundo espiritual al mundo terrenal que nos ayuda a mejorar personal y espiritualmente. Canalizar es ayudar a sanar las heridas de los demás, no agravarlas. Es escuchar, sentir y ver claramente los mensajes del mundo espiritual y ponerlos en un contexto amoroso y dulce para consolar y sanar a la persona que está sufriendo.

Nosotros no sanamos, somos instrumentos de Dios y sus Ángeles, para llevar sanación. No hay que dudar que nuestro trabajo como Seres de luz es efectivo porque lo está haciendo la divinidad, no nuestro cuerpo dual.

Psíquicos/Canalizadores

Los psíquicos canalizadores no adivinamos el futuro ni jugamos a hacerlo. No mentimos, solo damos los mensajes de los Ángeles como una guía amorosa entre un millón de posibilidades. No hacemos adivinación, porque nadie lo puede hacer, ni los Ángeles saben el futuro. Ellos como nosotros confían en la gracia de Dios.

Nuestro trabajo como canalizadores, es de empoderamiento, para prepararnos usando esos mensajes Angelicales, afirmaciones positivas, herramientas espirituales, el contacto con nuestro Ángel de la guarda y terapia angelical.

Oráculos y Tarots Angelicales para dar mensajes

Pitágoras fue un gran filósofo griego, genio de las matemáticas, destacado por sus teorías como la de la Hipotenusa en la geometría. A nivel espiritual, él hablaba de la reencarnación que aprendió de los griegos, los egipcios, los Budistas de la India y de los sabios orientales. También hablaba de cómo el universo está ordenado de una manera numérica.

Este filósofo afirmaba que todo el universo está en constante vibración y todos estamos interconectados; eso explica que cuando nosotros hacemos una pregunta y tomamos una carta del oráculo, la carta que es tomada, que nosotros escogemos, va a vibrar en el mismo nivel de frecuencia o situación. La pregunta que hacemos al universo se refleja en la carta del oráculo que escogemos. Si estamos vibrando en amor, vamos a recibir respuestas de amor de los Ángeles, del universo espiritual.

Por esta razón se usan los oráculos y tarots de cartas angelicales, pero cada persona puede tener su propia idea o filosofía. Para mí el oráculo de cartas angelicales es un símbolo, pero también sé, que Pitágoras tenía razón porque son nuestras energías. Cada persona puede usar el oráculo de cartas angelicales y de maestros ascendidos, y puede encontrar información básica cuando se hace una canalización con Ángeles. Pero con práctica, se puede hacer una lectura completa y correcta usando la intuición.

Cuando se canaliza, también se puede usar la escritura acromática (psicografía), un método que nos ayuda a escribir mensajes del cielo. También se puede usar el péndulo, la energía a través de las manos (Reiki) entre otros. Pero hoy estamos aprendiendo a canalizar usando la intuición y cartas angelicales.

Conexión con nuestro Ángel de la guarda

"Ángel de la guarda, por favor ayúdame a ser un canal claro, perfecto y divino de comunicación. Ayúdame a escuchar claramente, a mirar claramente y a sentir claramente los mensajes detalladamente que le van a traer bendiciones a ------------, a mí, y a todos los involucrados. Por favor protege esta canalización y ayúdame a relajarme y a disfrutarla. Así sea, así ya es. Gracias. Amen."

Dra. Blanca Quiñones practica las siguientes lecturas:

Lectura del porvenir

Número uno: Mensaje de tus Ángeles del presente.

Número dos: Mensaje de tus Ángeles del futuro inmediato.

Número tres: Mensaje para los próximos tres meses (puedes continuar cogiendo cartas como un periodo de tres meses como necesite).

¿Qué quieren los Ángeles que sepas?

Número uno: Tema general del día, situación o relación.

Número dos: Posible bloqueo.

Número tres: Consejo de los Ángeles para eliminar el bloqueo.

Número cuatro: Resultado probable, basado en los pensamientos y situaciones actuales.

Contacto con el Ángel de la guarda/Guía espiritual/Ser querido fallecido

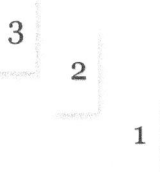

Número uno: Mensaje de quién está contigo.

Número dos: Mensaje de tu Ángel de la guarda/Guía espiritual/Ser querido fallecido.

Número tres: Cómo te está ayudando tu Ángel de la guarda/Guía espiritual/Ser querido fallecido.

Alma Gemela

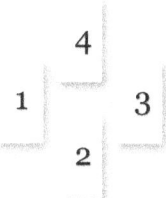

Número uno: Propósito de la relación.

Número dos: Bloqueo en la relación.

Número tres: Consejo de los Ángeles.

Número cuatro: Resultado probable basado en la situación actual.

Nuevo amor

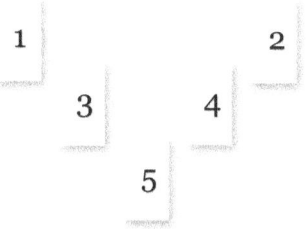

Número uno: Cómo prepararte para conocer a la persona.

Número dos: Los bloqueos de la otra persona.

Número tres: Tus bloqueos.

Número cuatro: Consejo de los Ángeles para eliminar el bloqueo.

Número cinco: Mensaje de los Ángeles sobre esta nueva reunión.

Abundancia en prosperidad

```
1        4
2    7   5
3        6
```

Número uno: Lo que aprendiste del dinero en tu infancia.

Número dos: Tus ideas actuales sobre el dinero.

Número tres: Bloqueos que impiden la abundancia.

Número cuatro: Consejo de los Ángeles sobre la abundancia.

Número cinco: El mejor paso que puedes dar a continuación.

Número seis: Lo que debes esperar después de dar dicho paso.

Número siete: Cómo mantener la abundancia (bienestar) en tu vida.

Curación física y emocional

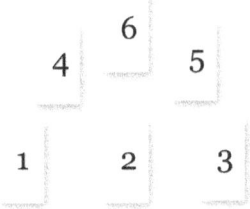

Número uno: Problemas de salud en el pasado.

Número dos: Problema de salud actual.

Número tres: Consejo de los Ángeles.

Número cuatro: Lo que aún estás aprendiendo.

Número cinco: La lección que encierra esta situación.

Número seis: El resultado basado en la condición actual.

Misión de vida

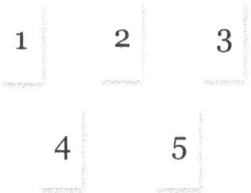

Número uno: Lo que has pedido en el pasado.

Número dos: Lo que estás aprendiendo hoy.

Número tres: Qué pasos debes dar ahora mismo.

Número cuatro: De qué manera puedes ayudar a los demás.

Número cinco: El objetivo de tu misión de vida.

Lectura del Horóscopo Angelical Anual – Una carta por cada mes del año o cada signo del zodiaco, y la número 13 - Es complemento o cierre de la lectura.

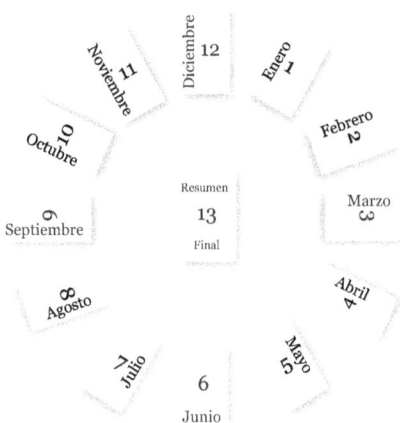

Se muestra el mazo de carta y se van poniendo primero la carta número 12,6,3 y 9 formando una cruz.

Después se pone la carta número 1,2,4,5,7,8,10 y 11.

Comienza la lectura, se van destapando una por una, se comienza por la carta número 1, que puede ser del mes de "enero" o el primer signo del zodiaco "aries", hasta llegar a la carta número 12.

Cuando se ha dado la lectura de cada mes o signo del zodiaco, se destapa la número 13 para hacer un resumen completo y hacer el cierre.

Ángeles y sus signos del Zodiaco

Signo zodiacal	Fecha de nacimiento	Astro	Elemento
Ariel /Aries	Del 21 de marzo al 20 de abril	Marte y Plutón	Fuego
Chamuel/Tauro	Del 21 de abril al 20 de mayo	Venus y Tierra	Tierra
Zadquiel/Géminis	Del 21 de mayo al 21 de junio	Mercurio	Aire
Gabriel/Cáncer	Del 22 de junio al 22 de julio	Luna	Agua
Raziel/Leo	Del 23 de julio al 23 de agosto	Sol	Fuego
Metatron/Virgo	Del 24 de agosto al 23 de septiembre	Mercurio	Tierra
Jofiel/Libra	Del 24 de septiembre al 22 de octubre	Venus	Aire
Jeremiel/Escorpio	Del 23 de octubre al 22 de noviembre	Plutón y Marte	Agua
Raguel/Sagitario	Del 23 de noviembre al 21 de diciembre	Júpiter	Fuego
Azrael/Capricornio	Del 22 de diciembre al 19 de enero	Saturno	Tierra
Uriel/Acuario	Del 20 de enero al 19 de febrero	Urano y Saturno	Aire
Sandalfón/Piscis	Del 20 de febrero al 20 de marzo	Neptuno y Júpiter	Agua

Oración: Entrando al Mundo de la Sanación con Ángeles

"Amado Dios, hoy por mi libre albedrío, yo me reconozco y me acepto como un Ser sano. Tengo la capacidad de sanarme a mí mismo y ayudar a sanar a los demás. Hoy me comprometo a ser parte del grupo de la sanción con energía angélica y te pido el valor, la fuerza, la seguridad, la sensibilidad, la entrega, la misericordia, la compasión, la inspiración, la sabiduría y sobre todo el amor para poder desarrollar mi trabajo como sanador. Hoy por mi libre albedrío, me uno a la banda de los Ángeles de sanación de energías discordantes en el plano terrenal y nivel cósmico y etéreo del Arcángel Miguel para poder sanar Seres encarnados y desencarnados, que estén vibrando en una energía que no sea amorosa. Me uno a la banda de los Ángeles de la sanación del Arcángel Rafael para poder llevar luz, curación en todas las dimensiones de espacio y tiempo. Me uno la banda de los Ángeles de la misericordia del Arcángel Zadquiel para usar la luz de la transmutación. También me uno a la banda de sanación de

los siete Arcángeles, de los 72 Ángeles y a toda la Luz Celeste de sanación. Hoy comienzo mi trabajo espiritual de sanación desde mi alma y mi corazón, guiado al frente por la mano del Arcángel Miguel. Hoy soy un sanador con la energía angelical, la luz universal de Dios. Recibo mi responsabilidad como mi misión de vida con toda conciencia, humildad, respeto y agradecimiento, pero sobre todo la recibo con todo mi amor. Así sea, así, ya es".

Dra. Quiñones

Sanación Angelical: Terapia de Sanación con Ángeles y Seres de Luz

Cuando hablamos de terapia de sanación con Ángeles, Arcángeles y Seres de luz, hablamos de la conexión con el mundo espiritual, con Dios, con el universo o con nosotros mismos. Es contactar con la Divinidad, con esa parte Divina en nosotros que es sabia.

Es dejar que nuestro Ser, entre en lo más profundo del mundo espiritual guiado por Seres Divinos e iluminados que nos acompañan al reencuentro con nosotros mismos, para sanar nuestro cuerpo, mente y espíritu. Es ser conscientes de quiénes somos como hijos de Dios, es tener la certeza que somos sanos por naturaleza permitiendo que esa luz de Dios y sus Ángeles sea en nosotros y nos ayude a sanar completamente.

¿Cómo comenzar una sanación?

Es relevante mencionar, que para ser un Terapeuta Angelical o hacer sanación con Ángeles hay que tener conocimiento de lo que son los Ángeles como parte de Dios, además hay que ser un canalizador angelical. Es decir, poder sentir, ver, escuchar o conocer qué nos está diciendo Dios a través de sus Ángeles.

Primeramente, debemos iniciar una entrevista para saber qué es lo que necesita el paciente, recomiendo comenzar con datos básicos, como: nombre, fecha de nacimiento, motivo por lo que quiere la sanación, se pide una historia corta del paciente relacionado con la consulta. Seguimos después con una canalización angelical con las cartas, esto es optativo, si ustedes lo desean. Se hace una oración y una meditación guiada - Invocar a los Arcángeles Miguel, Jofiel, Rafael y Gabriel. (Metatrón, Sandalfón, Maestros-dependiendo del tipo de sanación).

Se guía a la persona en un proceso de sanación a través de la meditación guiada donde el paciente se relaja y sigue las indicaciones del terapeuta. Se cortan lazos energéticos o cordones etéricos, votos, adicciones, ataques psíquicos, etc. y se realiza una limpieza energética.

Proceso de sanación

Se comienza respirando profundamente, luego se procede a soltar todo el enojo del pasado. Todas esas energías de enojo se liberan a través de la espalda, cuello, hombros y cualquier otra parte de su cuerpo, que se van enumerando lentamente.

Después se hace una oración inicial y se empieza la meditación guiada por los Ángeles y Seres de luz. Se sigue respirando y se visualiza como los dardos, cuchillos, flechas o energías negativas se van despegando del cuerpo del paciente. Se tiene inmediatamente la corazonada o pálpito de quitar los efectos de este ataque psíquico. Se hace todo lo posible de tener compasión y la intención de amor en su corazón evitando el deseo de venganza por parte del paciente.

Se pide ayuda a Dios para que sus Ángeles manden energía sanadora para el terapeuta y el paciente para que la sanación tenga efecto. Se sigue respirando y levantando energías viejas y negativas de su cuerpo. El terapeuta puede sentir temblores y escalofríos cuando corta los dardos y estos se están levantando del cuerpo del paciente. Cuando ya todo se sienta más relajado y en paz, se ve al Arcángel Rafael mandando su energía color verde esmeralda. Esta luz ayuda a restablecer el cuerpo de la persona para que recobre su estado natural.

Finalmente se narra siempre todo el proceso al paciente

"El Arcángel Miguel cubre todo tu cuerpo con la energía azul púrpura de protección. Esta energía azul del Arcángel Miguel también deshace todo vestigio de energía baja, dejándote completamente limpio de toda energía tóxica en cuestión".

¿Qué son cordones o lazos etéricos?

Los cordones o lazos etéricos se ven como tubos de sueros de hospitales a nivel energético donde conecta a las personas. La otra persona te drena toda la energía y te la roba. Son vampiros 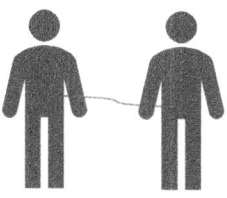 emocionales: Uno se siente cansado, triste, hastiado, enojado, frustrado.

La otra persona nos envía constantemente energía negativa ya sea consciente o inconscientemente. Al igual que hacemos nosotros cuando uno critica, juzga o habla mal de alguien, también le envía energía negativa, o positiva si nuestras acciones son amorosas. Es por ello, que un cordón se puede formar entre nosotros y las personas que sanamos (pacientes), aunque sea una vez que se contacte. Somos como un imán que atraemos energía negativa o positiva. Si vibramos bajo recogemos energías densas, y eso lo debemos tener bien en claro.

Cortando cordones o lazos etéricos

Para realizar esta tarea se debe comenzar con una oración:

"Arcángel Miguel, yo (nombre propio) en este momento te invoco para que por favor cortes los lazos de miedo de (nombre de la otra persona) que están drenando mis energías y mi vitalidad".

Respirar tranquilamente y estar en paz es vital. La respiración es importante para invitar a los Ángeles a que nos ayuden. Si se corta un lazo la persona se va a dar cuenta que el lazo fue cortado. La conexión se siente, es posible que se pueda llorar y que la otra persona, si sufre una tristeza o alegría es porque la energía siempre vuelve a uno.

Las emociones afectan los lazos energéticos, entre estas vemos:

<u>Miedo:</u> *los lazos crecen.*

<u>Perdón:</u> *los lazos se cortan rápidamente.*

<u>Resistencia:</u> *los lazos son más difícil para cortar los apegos.*

<u>Deseos de venganza y revancha:</u> *unen más los lazos tóxicos energéticos.*

Debemos perdonar, soltar el dolor y el resentimiento. Si la persona se resiste a perdonar, el lazo no se corta. No se le puede obligar a que sane si no está listo para hacerlo. Se le invita a cortar los lazos con otras personas de manera voluntaria y amorosa. Pero siempre por deseo propio.

Respiración: es muy importante en todo el proceso, la misma debe ser despacio y profunda. Se aconseja mantenerse tranquilo y con paz interior para poder soltar el pasado, el enojo, y resentimiento. La mayoría de los pacientes aceptan la reconciliación y sueltan la situación.

Los cortes energéticos y sanaciones se pueden hacer con una persona que ya falleció. Por ejemplo, una hija la cual ha muerto y no hubo perdón con la madre en vida. El paciente perdona al desencarnado y se produce la sanación. Hay que ver y buscar qué afecta a la persona ya que muchos tienen "velos de dolor", culpa, resentimientos, etc. El problema se da cuando la persona no reconoce este dolor, entonces no avanza y no se puede cortar el lazo.

Los lazos de adicciones

Son vínculos energéticos negativos debido a la adicción a sustancias, drogas, alcohol, juegos, etc. Esa conexión es tan fuerte y dañina que si no se busca solución puede traer graves consecuencias en la vida de la persona.

Los Ángeles y Seres de luz pueden ayudarnos en los cortes de adicciones en terapia angelical. El paciente debe estar dispuesto a sanar y dejar la adicción, este es un método efectivo para cortar lazos de cualquier adicción, reduce la ansiedad o deseos por sustancias o comportamientos adictivos. Ayuda con los problemas de autodestrucción.

Cuando una persona tiene una adicción hay un punto de partida, un inicio. Hubo algo que pasó, existe un motivo que lo llevó a ello. Y es ese punto el que se debe buscar y sobre el que hay que trabajar.

¿Cómo cortar los lazos de adicciones?

Primeramente, se debe relajar y respirar; pensar en la adicción que se está dispuesto a dejar completamente. Un punto importantísimo es que se necesita que "Seamos claros", solamente funciona si él o ella están dispuestos a soltar la adicción, a liberarse completamente de ella. Para ello deben poner la adicción en frente, se debe pedir a la persona que visualice una red de lazos o cordones que lo conectan con la adicción o situación a sanar. Los cordones se distribuyen por todo el cuerpo especialmente en el ombligo (estómago).

Cuando el paciente está visualizando ya la red, se invocan a los Arcángeles Miguel y Rafael; Miguel corta los cordones con su espada de luz y Rafael sana todo. Ellos van a convertir la adicción o situación de dolor en luz de colores para enviarlas al cielo para ser transmutadas en el amor. Recordar siempre que debe mantenerse relajado y respirando profundo, tanto el paciente como uno mismo. También mantener la intención de liberar el dolor/la adicción o la situación.

Luego se le dice al paciente:

> *"Visualice una luz dorada brillante que en este momento le envuelve, usted siente paz, tranquilidad, equilibrio porque se libera de las adicciones y situaciones dolorosas, usted está sintiendo la fuerza de los Arcángeles con suavidad y amor, y le liberan en este momento del control y el deseo que le unen a -esas sustancias o (...) que le hacen sufrir. Piense que después de esta sanación va a tener más autoestima, dinero, paz, felicidad, armonía, amor, etc.*
>
> *Todos los cambios van a ser positivos porque usted ha decidido con la ayuda de Dios y los Ángeles no consumir más----- (...) Hoy se siente feliz y libre de ataduras. El Arcángel Rafael le envía su luz verde esmeralda para sanar esos lugares donde los lazos o cordones etéricos fueron cortados por el Arcángel Miguel".*
>
> *"Respire profundamente, usted inhala la energía sanadora de los Ángeles en su cuerpo. Esto es lo que usted estaba deseando: el amor, la luz de Dios, el empoderamiento, la paz, la plenitud".*

> *"Respire luz verde esmeralda sanadora del Arcángel Rafael, respire el bienestar y la luz Divina de Dios. Cualquier vacío que haya tenido en su vida ya ha sido liberado, llenado con la luz, bendiciones y abundancia de Dios. Hoy está en paz y feliz, viviendo en totalidad". Gracias Arcángel Miguel y Arcángel Rafael por esta sanación".*

Recomendarle al paciente hacer decretos de sanación diarios.

¿Qué son los ataques psíquicos?

Los ataques psíquicos son brujería, es decir son energías de maldición que se regresan diez veces más y crean karma a la persona que las envió. Pueden ser inconsciente, como enojos, ira, rabia, envidia, celos, pueden ser conscientes, como cuando la persona le desea el mal a la otra o busca la magia negra.

Si a la persona que le envían las maldiciones no está protegida le llegan esas malas energías, pero a la persona que las envió luego le va peor. Si vibramos bien y alto enviamos frecuencias de amor y buenos deseos, expandimos el amor al mundo; así mismo si vibramos bajo contaminamos la vida con energías densas y discordantes.

Si aún estamos conscientes de que personas no nos quieren o nos repudian debemos concentrar nuestras energías en sanarnos, en estar centrados y perdonar.

Sanación de ataques psíquicos

Primero se le hace la entrevista al paciente, como ya hemos visto antes. Luego el paciente se acuesta boca abajo en una camilla con la espalda descubierta o sentado, siempre con la espalda descubierta y despegada del espaldar de la silla.

Es importante cerrar el ciclo, esto se debe tener en cuenta siempre. Rafael cura las heridas de los dardos que Miguel con la banda de la misericordia ya ha quitado. La luz esmeralda debe dirigirse al paciente, se le debe narrar el proceso de sanación al paciente despacio y con calma, con amor y serenidad.

¿Qué es el bajo astral? Este es un estado mental donde no estamos vibrando en el amor y causa depresión, ansiedad, enojo, envidia, frustración, celos, todo derivado del miedo. Esto puede pasar cuando estamos encarnados o desencarnados. En este estado de baja vibración no se puede conectar con la divinidad. Debemos tener en cuenta que las energías bajas existen y este estado es muy normal en los Seres humanos debido a la dualidad, que es el mundo de los opuestos.

En mi experiencia, las energías de miedo de otras personas pueden afectar al canalizador o terapeuta, sobre todo cuando no estamos bien protegidos, cuando no contamos con fe y confianza en Dios (algo que puede pasar al canalizador o terapeuta nuevo), es más fácil enfrentarse con energías bajas.

Un canalizador o terapeuta tiene que conocerse a sí mismo, y saber si emocionalmente está preparado, sin dudar. Cuando canalizamos o hacemos sanación y se presenta un Ser que no conocemos es importante preguntar si es un Ser de luz. Los espíritus no pueden mentir (pueden tratar de engañar, espíritus burlones).

El canalizador o sanador también puede sentir si es una energía de baja o alta vibración, en caso de que se enfrenten a una energía de baja vibración es mejor cerrar esa puerta. Como ya he dicho antes nosotros tenemos libre albedrío y podemos decidir lo que queremos o no queremos hacer.

También se sabe que el bajo astral es una dimensión de energías discordantes o bajas donde el espíritu decide quedarse ahí por su libre albedrío y dependiendo de su nivel de conciencia, de cuánto se quiera quedar apegados a la tierra y su dualidad. El bajo astral es el medio entre la tercera y la cuarta dimensión. El espíritu se queda en esa zona si no quiere ir a la luz.

Estas almas deciden quedarse en esa dimensión porque están más cerca de la tierra; creen que están vivos y sienten que están interactuando y viviendo las experiencias terrenales.

La Voz de Dios o patología psicológica

La comunicación con Dios y sus Ángeles no significa una patología, como lo vimos anteriormente, sino más bien es la conexión con el amor. Las alucinaciones patológicas son marcadas por un patrón de conducta psicológica, esta conducta se repite durante la presencia de la enfermedad acompañada por otros síntomas y particularmente con la perturbación de conciencia o de estar consciente, pero no alerta. No estamos conscientes de lo que pasa a nuestro alrededor, no estamos orientados. Las personas psíquicas, con capacidades paranormales, por lo contrario, tienen episodios de ver, escuchar y sentir lo que ha pasado, está pasando o puede pasar en otras dimensiones.

Estos episodios están desconectados de cualquier enfermedad psicológica o perturbación de la identidad. Los episodios psíquicos no están nunca acompañados de pérdida de contacto con la realidad como en los casos de una patología mental o psicológica como la esquizofrenia.

¿Qué son votos de vidas pasadas? - ¿Cómo se sanan?

Los votos son barreras en la vida sexual, financiera y toda área de nuestra vida, estos se forjan en la vida pasada o en el plan de vida. Nadie se libera de esos votos hasta que este compromiso de vida pasada sea llevado a causa o se corten lazos.

Cuando llevas una vida pulcra en esta encarnación y logras la iluminación los votos se cortan de manera automática. Para librarse de los votos hay que invocar al Arcángel Raziel que ayuda a sanar los vestigios de vidas pasadas. Nos ayuda a sanarnos a nosotros mismos y a los demás.

Los votos más comunes son:

Sufrimiento	Celibato
Sacrificio	Pobreza
Obediencia	Silencio
Castidad	

Si el paciente trae votos y pactos de otra vida estos se deben cortar, esto se sabe a través de una canalización o una regresión. Si estos votos son cortados nos libramos de ellos en esta encarnación y viviremos más felices.

Para ello se debe proceder a la invocación del Arcángel Raziel:

Arcángel Raziel, yo te pido por favor que me ayudes a que yo por este medio corte todo voto de (sufrimiento, por ejemplo) que yo haya hecho en todas las dimensiones de espacio y tiempo. Yo revoco todo efecto negativo de este voto* hoy y para siempre. Qué así sea, así ya es. Gracias.

*(Repetir el rompimiento para cada voto).

Los Ángeles y Seres de luz siempre guían en todas las sanaciones y rompimientos de votos, como el Arcángel Raziel, Miguel, Sandalfon, el Espíritu Santo, Rafael y el Ángel de la guarda. Debemos confiar en la intuición. Hay que tener confianza, inspiración, tener la certeza de que la sanación y la energía vienen de Dios. Es importante transmutar esa energía con la luz.

¡La sanación está en nosotros!

No se sientan culpables de cortar lazos de apego.

"Arcángel Miguel, yo te invoco en este momento para que cortes todo lazo de miedo o apego con--------- que me esté drenando mi vitalidad y mis fuerzas."

Así sea, así ya es, gracias, amén

No se sientan culpables de cortar lazos, recuerden que ustedes no son la fuente de energía o felicidad para nadie, Dios lo es. Si una persona se resiste a cortar lazos que le unen a alguien con quien tienen resentimiento y sobre exceden los deseos de venganza, entonces podemos decir que mantienen una relación TÓXICA.

Limpiando las energías negativas, en nosotros y lugares

Con el Arcángel Miguel, podemos hacer un despojo o limpieza de energías negativas en nosotros, esas energías que hayamos acumulado. Para ello se presentará con los Ángeles de la banda de la Protección/Misericordia y mediante una esfera de luz como un imán (magneto) va a recoger todo lo negativo. También podemos limpiar nuestra casa, oficinas, coches y todo lugar en donde nos movamos.

¿Cuál es el propósito de los trabajadores de la luz?

El trabajador de la luz debe hacerse preguntas existenciales antes de emprender este camino como carrera. ¿Me puedo mantener en esta misión espiritual y al mismo tiempo suplir mis necesidades económicas?, ¿Es esta mi verdadera misión?, ¿Es mi misión de vida colectiva ayudar a personas de diferentes maneras?

Los trabajadores de la luz se expanden y sirven a muchas personas. Los niños índigos, cristales, arcoíris, etc. son Ángeles terrenales que vienen con dones naturales para ayudar a los demás y a la evolución del planeta. Cuando sientes la necesidad de ayudar a los demás y al mundo al cambio, eres ya un trabajador de la luz. Los trabajadores de la luz tienen destinada una misión, un propósito importante. Se interesan por hacer algo por el mundo, quieren que todos estén felices y saludables. Tienen una gran sensibilidad y la intención de ayudar con amor.

La fe y la seguridad

Si se piensa en una carrera seria en el mundo espiritual, para que nos ayude a pagar los gastos, esto no es un sueño, es una realidad. ¡Hay que tomar acción – aunque no es fácil, para ello se debe proceder a la oración, que es acción puesta en marcha!

Los trabajadores de la luz son personas sensibles, pueden recibir energías en todas partes. Ellos responden a través de sentimientos, pensamientos de las demás personas. También son sensibles a temperaturas, químicos, contaminación ambiental, ruidos, olores. Son receptores a la presencia angelical, espíritus y Seres de luz. Son sensibles a las opiniones de los demás.

Esta sensibilidad es un don que hay que trabajar. Ellos son constantes, siempre trabajan y ayudan, aunque uno no se dé cuenta; en otras vidas han podido ser curanderos, hechiceros, sanadores, sacerdotisas, alquimistas, astrónomos, astrólogos en diferentes categorías. En el pasado, especialmente durante la Edad Media, conocida como la Edad Oscura, lamentablemente no fueron bien recibidos. Hubo mucha crueldad para con la mujer, con los curanderos y fue una época de cacería de brujas, especialmente durante la inquisición. Había mucha ignorancia, ya que solo se creía en lo que se podía ver y palpar físicamente.

La religión

La espiritualidad ya estaba escrita por personajes importantes en diferentes religiones. Las personas de poder, reyes, sacerdotes, etc. llegaban al poder y cambiaban los escritos originales y los adaptaban a sus creencias. Recordemos que durante esa etapa las poblaciones no sabían leer ni escribir, y solo creían lo que figuras de poder les decían, ya que no contaban con medios para cuestionar sus dichos. Por ello, según las conveniencias, a los trabajadores de la luz se le acusaba de las pérdidas de las cosechas, de las plagas, terremotos y todo desastre natural, o provocado por necesidades políticas o económicas.

Para mantenerse vivos, tenían que ser castigados o sometidos a abusos extremos. Ellos desarrollaron una sensibilidad hacia otras personas, pero igual de miedo. Estas personas trabajaban la felicidad en los demás, pero no eran comprendidos. Desarrollaron un mecanismo de defensa por miedo a ser juzgados. Es por esto, por lo que los canalizadores y sanadores actuales, traen un miedo grabado en el periespíritu, porque antes los castigaban y los rechazaban. Podemos caer en el querer "agradar" para no sentir rechazo (mecanismo de defensa y sobrevivencia de estas épocas).

Gracias a Dios, actualmente los tiempos han cambiado y los canalizadores y sanadores son aceptados en la sociedad, permitiendo que haya una salida del closet espiritual.

Muchos trabajadores de la luz tienen miedo a hacer trabajos de sanación en público o enseñar porque tienen miedo de ser juzgados, rechazados. La incertidumbre de lo que van a pensar las personas hace que los trabajadores de la luz se pongan ansiosos, especialmente cuando las familias mantienen las tradiciones y valores religiosos y son muy conservadores.

Cuando nuestras creencias son reveladas a los demás, eso se llama salir del closet espiritual. No estamos aquí para enseñar a nuestros familiares y amigos, a menos que ellos pregunten por alguna clase porque ellos están teniendo su propio aprendizaje. Cuando empezamos este trabajo en nuestra vida espiritual debemos pensar con la cabeza y no con el corazón para poder sobrevivir económicamente.

Al principio se debe tener cautela y no invertir en consultorios y muebles costosos. Está bien ganar dinero en el mundo espiritual sin que esto sea el propósito principal ya que la idea es ayudar, por ello se deben trabajar los sentimientos de miedo y timidez al empezar. Se debe tener valor de lanzarse al mundo espiritual y comprender que solo cuando se empieza a trabajar se puede uno dar cuenta si va a funcionar o no.

También se requiere decisión, fe, fuerza y disciplina. Entrar al mundo espiritual es una decisión guiada ya que se debe seguir la intuición.

Anexo

Preguntas antes de una Terapia con Ángeles

Nombre del paciente

Fecha de hoy

Fecha de nacimiento

¿Ha tenido una sanción con Ángeles antes?

¿Qué quiere sanar en la terapia?

¿Cuál es su nivel académico o años de estudio que ha completado?

¿A qué se dedica o en que trabaja?

¿Tiene algún problema médico o psicológico?

¿Está tomando algún medicamento?

¿Usa alcohol, tabaco, drogas o tiene otra clase de adicciones?

¿Es casado o soltero?

¿Tiene pareja?

Si es casado o tiene pareja, ¿cómo es la relación?

¿Cuántos hijos tiene?

Si tiene hijos, ¿cómo es la relación con ellos?

¿Están vivos o muertos sus padres?

¿Cómo es o fue la relación con sus padres?

¿Cuántos hermanos tiene?

Si tiene hermanos, ¿cómo es o fue la relación con ellos?

¿Ha tenido alguna experiencia traumática o paranormal?

¿Qué le hace feliz?

¿Qué le relaja?, la montaña, la playa o el bosque, etc.

Mediumnidad/Espiritismo: Entrando al mundo de los Espíritus

Introducción

Casi todos los que estamos leyendo este libro, es porque hemos reconocido que somos más que un cuerpo, somos espíritus, creación infinita de Dios. Reconocemos que existimos después de la muerte física, somos espiritistas porque creemos que somos espíritus, trascendemos la muerte humana y vivimos para siempre.

Tenemos la certeza en nuestro corazón que Dios existe y es la fuerza sublime e infinita del universo.

¿Qué es ser espiritista/médium/psíquico?

El trabajo de un espiritista/médium/psíquico es:

> Traer información del mundo de los desencarnados al mundo de los encarnados (del mundo espiritual al mundo físico de diferentes dimensiones).

Si no creemos que somos espíritus, no podemos ser espiritistas porque si no tenemos espíritu, no hay espíritus para canalizar, no hay nada en el otro plano después de la muerte física con quien podamos comunicarnos. Por ello estos son los puntos que un espiritista debe tener bien definidos:

Yo soy espíritu
Soy espiritista
Puedo canalizar, escuchar, ver y sentir el mundo espiritual.

La mediumnidad es la facultad que nos capacita para entrar en contacto con el mundo espiritual. Dios existe, somos creación de Dios, tenemos un alma, somos infinitos, el espíritu sigue viviendo después de la muerte física.

La mediumnidad/espiritismo es algo que hay que tomarlo muy enserio, con profesionalismo, respeto y amor. Sobre todas las cosas, hay que tener una gran disciplina para poder hacer esta clase de trabajo espiritual. De acuerdo con Allan Kardec (Kardec, A 1969), las facultades de un médium son muchas, los describe así: mediumnidad de efectos físicos, sensitivos e impresionables, auditivos, parlantes, sonámbulos, curanderos, pheumatógrafos (escritura directa) y psicógrafos (escritura).

Historia de la mediumnidad

Desde el principio de los tiempos, los médiums han existido, el mundo espiritual siempre ha estado comunicando, aunque hoy en día no es que haya más médiums, lo que significa es que están saliendo del closet más seguido.

Todavía hay desconfianza a los médiums por la ignorancia, si hay un médium que es deshonesto o charlatán, todos son categorizados igual. En el mundo de la ciencia, el hombre ha hecho muchos descubrimientos, pero tiene un gran miedo, el de descubrirse así mismo.

No quiere reconocer que tiene alma o espíritu. Tiene miedo, reconoce que su sabiduría viene de alguien más (ego), prefiere pensar que solo es un montón de materia física que nace, crece, se multiplica y muere, desapareciendo para siempre. También hay muchos que no quieren creer por soberbia o por tan solo no prestarle importancia.

¿Qué es el espíritu?

El espíritu es esa parte que nos conecta con nosotros mismos. Es esa voz que nos habla dándonos respuestas a nivel de conciencia. El espíritu es fuerza, energía que nos gobierna, es esa identidad dentro o alrededor de nosotros que nos pone a meditar acerca de lo que fuimos, somos y podemos ser.

El espíritu se espiritualiza con el nivel de conciencia en el que se desenvuelve. El espiritista es espiritual por hecho, no por palabras. Su confianza está puesta en Dios y sus experiencias espirituales.

¿Qué es ser médium?

Un médium es una herramienta para pasar la información como un vaso para beber agua o una cuchara para comer. Un médium conoce y siente las vibraciones del universo y conoce cómo vibran los espíritus o almas en otras dimensiones. El universo se compone de ondas de vibración. Hay que sentir con qué clase de espíritu nos estamos comunicando.

El sonido viaja rápido, la luz viaja más rápido, pero el pensamiento viaja más rápido que el sonido y la luz. Nuestros sentidos físicos nos ayudan para desarrollar nuestra mediumnidad. Siempre estamos rodeados de espíritus. Los espíritus que nos rodean dependen de nuestra vibración.

Alma = espíritu:

Cuando estamos encarnados se llama alma; cuando estamos desencarnados, espíritu. Podemos llamarlo de las dos formas en este libro. Nuestro espíritu tiene una apariencia o figura como nos vemos en este momento, es una envoltura. El alma es invisible y nunca padece. El alma está envuelta en el periespíritu, sustancia fluídica semi material.

Según Kardec, A (1969), el periespíritu es la vestidura que siempre va con el espíritu. Cuando reencarnamos, adaptamos la forma o traje físico terrenal o dimensional.

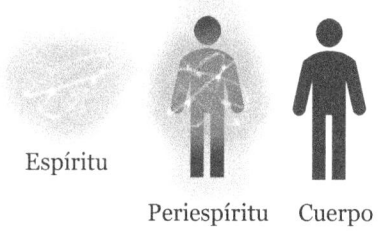

Espíritu

Periespíritu   Cuerpo

Periespíritu

Cuando hablamos de periespíritu, hablamos de un término utilizado en el espiritismo, el mismo proviene del vocablo griego(peri) que significa "alrededor de", y del latín (spiritus) que significa espíritu:

Es un cuerpo fluídico de naturaleza etérea, semi material que envuelve el espíritu del Ser humano (hombre o mujer). "Los rasgos son relacionados con la misma apariencia que tenía en la última existencia corporal". (Kardec, A 1969)

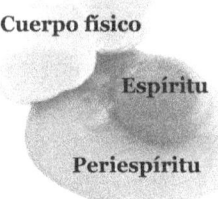

Características del periespíritu:

Está formado por un conjunto de capas (cebolla) exteriores que rodean el espíritu. Estas capas son mayor o menor en números según el grado de desarrollo (depuración) del espíritu. Por ejemplo, si un espíritu es inferior, el periespíritu es más denso.

El periespíritu representa los envoltorios en los cuales está la organización anímica del espíritu encarnado. Este Ser, el fijador de todas las experiencias sufre alteraciones constantemente de vibración, color, aspecto exterior, vitalidad, plasticidad y pureza, con el mismo ritmo con que se procesan las experiencias.

La muerte destruye el cuerpo material, el espíritu conserva el periespíritu que lo constituye un cuerpo etéreo, que es invisible para muchas personas en estado normal. Es por medio del periespíritu que los espíritus trabajan en el mundo espiritual, como nosotros trabajamos en el mundo material aquí en la tierra.

El periespíritu guarda el resultado de nuestras encarnaciones como si fuera el archivo donde conservamos nuestro pasado, revela lo que nosotros somos, muestra lo que hicimos y dice a todos a qué clase de espíritus pertenecemos.

Es por esa razón que en el mundo espiritual nada puede quedar oculto. Ahí nadie puede fingir lo que no es. Todas las acciones que practicamos quedan grabadas en nuestro periespíritu.

Como en un libro abierto se puede leer en el espíritu de cada uno el bien y el mal que practicó. El color de este varía de acuerdo con la categoría a la cual pertenece, puede ser oscuro, casi negro o brillante como una estrella. Los espíritus imperfectos poseen el periespíritu oscuro, casi negro o brillante como una estrella. Los espíritus imperfectos poseen el periespíritu oscuro. Las sensaciones del cuerpo las transmite el periespíritu como son el hambre, calor y frio, es un archivo de todas las experiencias vividas por el hombre/mujer y los hace manifestar en los momentos adecuados.

Al igual que Allan Kardec, yo como espiritista, médium, canal, acepto la teoría de las diferentes órdenes de espíritus. Esto es basado en mi experiencia conectando con los espíritus, pero me he encontrado más espíritus puros que impuros. No quiere decir que no hay espíritus impuros y que no los he contactado o que ellos no me han contactado a mí. Es mi decisión con los espíritus que yo quiero trabajar, al mismo tiempo siempre ayudo a los espíritus impuros que necesitan ayuda y no tratan de lastimarme o hacer burla de mí. Yo estoy en control y pongo límites.

En realidad, de acuerdo con mis experiencias espirituales, no se puede saber con certeza las órdenes de los espíritus, pero en este libro vamos a enfocarnos en tres órdenes, aunque revisaremos diez órdenes que se derivan de las tres órdenes principales.

Ustedes como médiums tienen la responsabilidad de seguir estudiando y poner atención a sus experiencias espirituales, especialmente cuando tengan la oportunidad de canalizar a un espíritu elevado con sabiduría superior, hagan preguntas acertadas de lo que no entiendan.

Las órdenes principales de los espíritus

Son de diferentes órdenes, según el grado de perfección que han alcanzado. Encontramos:

Los Espíritus puros, son los que llegaron a la perfección.

Los del segundo han llegado a la mitad de la escala, el deseo del bien es su preocupación.

Espíritus imperfectos son los del último grado, aún están al comienzo de la escala. Se caracterizan por su ignorancia, el deseo del mal y todas las pasiones malas que retardan su adelanto.

Tercer orden: Espíritus Imperfectos

Espíritus imperfectos: Propensión al mal, ignorancia, orgullo, egoísmo y todas las pasiones malas que derivan de él. Tienen la intuición de Dios, pero no lo comprenden.

Podemos dividirlos en cinco clases principales:

Décima clase

Espíritus Impuros: Son propensos al mal y lo hacen objeto de sus preocupaciones. Como espíritus, dan consejos pérfidos, inspiran la discordia y la desconfianza y adoptan todas las apariencias para engañar mejor.

Se apegan a las personas de carácter lo bastante débil como para ceder a sus sugestiones, a fin de empujarlas a la perdición, satisfechos de poder retardar su adelanto al hacerlas sucumbir ante las pruebas que sufren. En las manifestaciones se les reconoce por su lenguaje. La trivialidad y la grosería de las expresiones, tanto en los Espíritus como en los hombres, son siempre un indicio de inferioridad moral.

Novena clase

Espíritus Frívolos: Son ignorantes, maliciosos, inconscientes y burlones. Se inmiscuyen en todo y a todo responden, sin preocuparse por la verdad. Se complacen en causar leves molestias y pequeñas alegrías, generar enredos, inducir maliciosamente a error por medio de engaños y picarillas.

Octava clase:

Espíritus Pseudocientíficos: Sus conocimientos son suficientemente amplios, pero creen saber más de lo que saben en realidad. Como han realizado algunos progresos desde diversos puntos de vista, su lenguaje tiene un carácter serio que puede engañar respecto a su capacidad y a sus luces. Sin embargo, la mayoría de las veces no es más que un reflejo de los prejuicios y de las ideas sistemáticas de la vida terrenal; una mezcla de algunas verdades con los errores más absurdos, entre los cuales se traslucen la presunción, el orgullo, los celos y la terquedad de los que no han podido despojarse.

Séptima clase:

Espíritus Neutros: No son ni tan buenos como para hacer el bien, ni tan malos como para hacer el mal. Se inclinan tanto hacia uno como hacia otro y no se elevan por encima de la condición general de la humanidad, sea en lo moral o en la inteligencia. Se apegan a las cosas de este mundo, cuyas alegrías groseras echan de menos.

Sexta clase:

Espíritus Golpeadores y Perturbadores: Estos espíritus, no forman una clase distinta en atención a sus cualidades personales, pueden pertenecer a todas las clases del tercer orden. Suelen manifestar su presencia por medio de efectos sensibles y físicos, tales como golpes, movimiento y desplazamiento anormal de cuerpos sólidos, agitación del aire, etc. Se muestran apegados a lo material. Cuando aquellos juzgan que las manifestaciones de ese género son útiles, se sirven de estos espíritus como auxiliares.

Segunda Orden: Espíritus Buenos

Espíritus buenos: Predominio del espíritu sobre la materia. Deseo del bien. Sus cualidades y su poder para hacer el bien se hallan en relación con el grado al que han llegado. Algunos tienen la ciencia, otros la sabiduría y la bondad. Los más adelantados reúnen el saber y las cualidades morales. Como aún no están completamente desmaterializados, conservan más o menos, según su categoría, las huellas de la existencia corporal, ya sea en la forma del lenguaje o en sus hábitos, en los cuales se reconocen incluso algunas de sus manías.

Quinta clase:

Espíritus Benévolos: Su cualidad dominante es la bondad. Se complacen en prestar servicio a los hombres y en protegerlos, pero su saber es limitado: su progreso es más relacionado con el sentido moral que en el intelectual.

Cuarta clase:

Espíritus Científicos: Lo que los distingue especialmente es la amplitud de sus conocimientos. Se preocupan menos de las cuestiones morales que de las científicas, para las cuales tienen más aptitud. Sin embargo, sólo encaran la ciencia desde el punto de vista de la utilidad y no mezclan con ella ninguna de las pasiones propias de los espíritus imperfectos.

Tercera clase:

Espíritus Sabios: Las cualidades morales del orden más elevado forman su carácter distintivo. Si bien no tienen conocimientos ilimitados, están dotados de una capacidad intelectual que les proporciona un juicio sano acerca de los hombres y las cosas.

Segunda clase:

Espíritus Superiores: Reúnen la ciencia, la sabiduría y la bondad.

La benevolencia:

Es constantemente digno, elevado y a menudo sublime. Su superioridad los hace más aptos que a los otros para darnos las nociones más justas acerca de las cosas del mundo incorporal, dentro de los límites de lo que se le permite al hombre conocer. Se comunican gustosos con los que buscan la verdad de buena fe y cuyas almas están suficientemente desprendidas de los lazos terrenales para comprenderla. En cambio, se alejan de aquellos que sólo están animados por la curiosidad, o a quienes la influencia de la materia desvía de la práctica del bien. Cuando, por excepción, encarnan en la Tierra, lo hacen para cumplir en ella una misión de progreso. En ese caso nos ofrecen el modelo de perfección al cual la humanidad puede aspirar en este mundo.

Primer Orden: Espíritus Puros

La superioridad intelectual y moral absoluta en comparación con los espíritus de los otros órdenes. La primera y única clase han recorrido todos los grados de la escala y se han despojado de todas las impurezas de la materia.

Alcanzaron la suma de la perfección de que es capaz la criatura, razón por la cual ya no habrán de sufrir pruebas ni expiaciones. Como no se encuentran sujetos a la reencarnación en cuerpos perecederos, realizan la vida eterna en el seno de Dios. Gozan de una dicha inalterable, porque no están sujetos a las necesidades ni a las vicisitudes de la vida material. Con todo, esa dicha no consiste en una ociosidad monótona que transcurre en perpetua contemplación. Son los mensajeros y los ministros de Dios, cuyas órdenes ejecutan para mantener.

Dirigen a los espíritus inferiores a ellos, los ayudan a perfeccionarse y les asignan su misión. Asistir a los hombres en sus padecimientos, incitarlos al bien o a la expiación de las faltas que los alejan de la felicidad suprema, es para ellos una grata ocupación. Se les designa a veces con los nombres de Ángeles, Arcángeles o Serafines. Los hombres pueden entrar en comunicación con ellos, pero muy presuntuoso sería el que pretendiese tenerlos constantemente a sus órdenes. (Kardec, A 1969). "Yo no estoy de acuerdo con estas citas, ya que nosotros sí podemos comunicarnos con Dios y sus Ángeles todo el tiempo".

Propiedades de los espíritus

Según Kardec, A (1969) el periespíritu, tiene muchas propiedades entre ellas podemos destacar las más importantes:

Expansividad y flexibilidad:

Por su naturaleza semimaterial. El periespíritu es flexible y expansible, se adapta a la voluntad del espíritu que le puede dar la apariencia que desee. Es constituido con base en principios químico-semejantes en sus propiedades al hidrógeno, expresándose a través de moléculas significativamente distanciadas unas de las otras, puede bajo el influjo del pensamiento, expandir, contraer y modificar su apariencia.

Irradiación:

Por su naturaleza fluídica, forma en torno de cuerpo físico una atmósfera que el pensamiento y la voluntad pueden asilar para más o menos. Esa propiedad del espíritu es de gran importancia, se han realizado experimentos efectuados científicamente en la Unión Soviética, en los Estados Unidos de América y en Inglaterra, y se ha comprobado la existencia del llamado "Campo Magnético", que viene a demostrar la aserción de Allan Kardec, cuando nos informó hace más de 130 años. "El periespíritu no se encuentra encerrado en los límites del cuerpo, como en una caja. Por su naturaleza fluídica es expansible, irradia hacia el exterior y forma en torno del cuerpo una atmósfera en que el pensamiento y la fuerza de voluntad pueden oscilar por más menos".

Absorción:

A través de la capacidad de absorción, el periespíritu consigue asimilar esencias materiales finas fluídicas, que ofrecen temporalmente ciertas sensaciones como si el espíritu estuviera encarnado. Es por esta causa que entidades desencarnadas aún en etapas groseras de evolución exigen de los que se ponen en su mismo nivel de vibración, comida o bebidas para su satisfacción personal como recompensa a pago por las "ayudas" que prometen prestar. Hermanos desencordados vibrando en un nivel muy bajo ordena que se ejecuten animales, piden flores, frutas frescas. Hay ocasiones cuando el fluido de los alimentos del plasma sanguíneo o fluido vital que durante algún tiempo proporciona a la entidad desencarnada una forma de nutrición que le hará sentir humanizado nuevamente. Eso les faculta más fácil acceso a víctimas obsesos y a aquellos mismos que les hacen tales ofrendas. Según el entendimiento común, los espíritus absorben las esencias finas materiales que les dan vitalidad y gozan de los placeres materiales. También por esta propiedad es que los espíritus también logran absorber las energías vitales de sus víctimas, por proceso de vampirismo o asimilación en casas de vicios como bebidas, tóxicos, etc.

Penetrabilidad:

Por la propiedad de la penetrabilidad, el periespíritu no encuentra barreras materiales que no pueda traspasar, penetrándolas en ambientes herméticos, cerrados y por la misma razón atraviesan sin dificultad cualquier estructura de los cuerpos mortales, la tierra, el fuego, los mares.

Centros Vitales del periespíritu

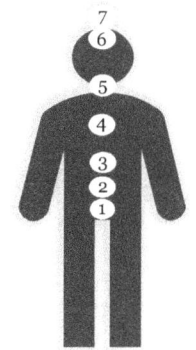

Chakras: siete centros vitales principales

Primer chakra: raíz-rojo
Segundo chakra: sexual-naranja
Tercer chakra: plexo solar-amarillo
Cuarta chakra: corazón-rosa-verde
Quinto chakra: garganta-azul turquesa-claro brillante
Sexto chakra: frontal-tercer ojo-violeta
Séptimo chakra: corona-blanco-oro-violeta púrpura

Estos centros vitales se ajustan y se desenvuelven a la altura de los principales plexos (redes) nerviosos y son clasificados conforme a la región del organismo donde se sitúan. Son una especie de discos de energías (como hélices de avión) que giran a elevada velocidad en el sentido de las agujas del reloj, despidiendo centellas de luz de diferentes colores debido a la energía que los irriga. Además de su función como receptores, los centros vitales toman energía del mundo espiritual para encaminarla hacia el cuerpo físico. En muchos de los libros, el médico desencarnado André Luiz (Chico Xavier libros psicográficos) se refiere frecuentemente a ellos. A través de estos centros de fuerza, el espíritu ejerce su control y actividad sobre el cuerpo físico y toma conocimiento, ya que transfieren a la región anatómica correspondiente cada decisión asumida por el espíritu. Destacamos dentro todos ellos, el centro chakra corona como la sede de las más avanzadas decisiones del espíritu. Es un centro que conecta el mundo divino con el mundo humano, mundo espiritual con el mundo material. Es el centro que supervisa a todos los demás.

Transformación del periespíritu

La naturaleza del periespíritu se va modificando en cada encarnación a medida que el espíritu va progresando. Según la calidad de los pensamientos, así será su atmósfera fluídica particular. El periespíritu está dotado de plasticidad, se presenta moldeable conforme a las emociones mentales del espíritu. Es invisible a los sentidos físicos, pero puede hacerse visible y tangible a través de la materialización. Sobrevive a la muerte del cuerpo físico y preexiste a él constituyendo el cuerpo espiritual del espíritu errante.

El planeta tierra no es único en el universo

Es imposible pensar que el planeta tierra es el único en el universo. El universo es todo lo que podemos tocar, sentir, percibir o detectar.

Abarca las cosas vivas, los planetas, las estrellas, galaxias, la nube de polvo y la luz. El universo contiene miles de millones de galaxias. El espacio entre las estrellas y las galaxias está en gran parte vacío.

También sabemos que el universo no ha sido siempre del mismo tamaño. Los científicos creen que se inició con un Big Bang, que sucedió hace unos 14,000 millones de años. Desde entonces el universo se ha estado expandiendo a gran velocidad. Por lo tanto, la zona de espacio que ahora vemos es miles de millones de veces más grande que cuando el universo era muy joven. Las galaxias también se alejan entre sí a medida que se expande el espacio entre ellas.

Con todo lo que sabemos del universo científicamente hablando, sería ridículo pensar que solo existimos nosotros en este pedacito de materia física que es la tierra. También seria egoísta pensar que somos los Seres más desarrollados en el universo a nivel mental, espiritual o de conciencia. El periespíritu es nuestra fuente de información cósmica donde está grabada la información de otras vidas que se conecta con nuestro Libro de la Vida o Registros Akashicos, como ya lo mencionamos.

Así como hay espíritus muy avanzados aquí en la tierra, también hay espíritus ignorantes por no decir espíritus que están en el bajo astral. Todos estos espíritus sin importar el nivel de conciencia están trabajando en su misión espiritual. Muchos de ellos no se han dado cuenta que ya murieron o desencarnaron porque siguen apegados al plano terrenal. Nosotros como espiritistas podemos ayudar a estos espíritus diciéndoles con amor que busquen su luz, (nadie los puede ver, pero ellos siguen en su casa). Pero solo depende de ellos mismos (Caridad).

No es fácil hacer la transición del plano terrenal al plano espiritual, si no escucharon a su Ángel de la guarda cuando estaban encarnados, tampoco lo verán en el otro plano.

El trabajo de los médiums es ayudar a los espíritus a que no hagan daño a los demás y que los demás no les hagan daño. Estos espíritus ignorantes o negativos pueden estar vibrando en una energía de desamor que puede dañar a las personas cerca de ellos.

Tipos de mediumnidad

Videncia

Ver a los espíritus, -Intuición: Percibir a través de las vibraciones, -Psicofonía: escuchar a un espíritu a través de un médium, -Premonición: anticipación de lo que va a pasar, -Sanación: los espíritus sanan no el médium, -Psico pintores: plasmar, pintar información de los espíritus, -Xenoglosia: Hablar diferentes idiomas sin conocerlos, -Sonidos, golpes: comunicación de los espíritus a través de golpecitos que son símbolos de letras o palabras.

Los cuatro sentidos de percepción que usamos para comunicarnos con en el mundo espiritual

Es importante saber que nos podemos comunicar con los espíritus a través de nuestros sentidos, y también es importante saber cuál sentido tenemos más desarrollado para comunicarnos con el mundo espiritual.

Clarividencia

Nuestro sentido de la vista, lo que miramos mentalmente, con los ojos físicos, sueños, visiones, señales enfrente de nosotros, objetos que se mueven, órbitas, rayos de luz, auras, números, etc. Las personas clarividentes son muy visuales, pueden notar todo a través de la vista, las personas, lugares, comidas y son muy creativas a través de la vista.

Miedos de los Clarividentes:

Miedo a perder el control y ver Ángeles y personas fallecidas por todas partes. (Los dones se pueden canalizar), (Cerrar y abrir el mundo espiritual), nosotros estamos en control.

Miedo a ver cosas y seres horribles como en las películas. (El mundo espiritual es amoroso).

Todos somos psíquicos, de niños creemos porque no nos cuestionamos. (Juana de Arco, "De qué otra manera Dios se va a comunicar conmigo, sino a través de mi imaginación", "Mente".

Miedo a ser castigado por algo que puede ser malo o equivocado, ser clarividente no es un pecado.

Los clarividentes siempre han existido, aunque fueron criticados en el Antiguo Testamento. En el Nuevo Testamento Pablo habla de los dones, y Jesús y otros hablaron con los muertos y espíritus.

Miedo a hacer el ridículo, ser categorizado como loco, raro, muy sensible, "el sabelotodo", ser juzgados por la familia con actitud fundamentalista. Realidad (Somos trabajadores de la luz, médiums, índigo, cristal, diferentes, pero no raros). Hay que estar preparados para los cambios. Los clarividentes podemos dar un giro de 180 grados.

Clarisensibilidad

Estas son emociones físicas, la sensibilidad es uno de los sentidos que más personas desarrollan para sentir a los Ángeles y a los espíritus (Para sentir a los espíritus hay que bajar la vibración, pero siempre desde el amor). Cuando elevamos nuestra vibración de amor, podemos sentir la presencia de los Ángeles, Arcángeles y Seres de luz elevados. Todos podemos sentir a los Ángeles y los espíritus, pero hay que tener la seguridad y créelo. Como médiums y canalizadores de Ángeles hay que ajustar nuestra vibración, como un sube y baja. Esto es posible con práctica.

¿Cómo se siente una presencia?:

Percibes aroma a flores que no hay a tu alrededor, sentir que alguien te toca, te acarician el cabello, te dan un empujoncito, te sientes protegido, te sientes acompañado, sientes un abrazo amoroso, sientes un cambio de presión en el aire, sientes que algo te aprieta la cabeza, sientes que algo golpea tu frente, impresión o sentir que un espíritu pasa a través de tu cabeza, una sensación de ser sumergido bajo agua. La temperatura del aire cambia, euforia, un pensamiento de que lo que está pasando no es real. Las presencias angelicales son tibias, seguras, amorosas y cómodas, pero las presencias de los espíritus pueden ser frías, extrañas y dan miedo. Pero cuando nos protegemos con la luz y lo hacemos por amor todo sale bien. Los Arcángeles Miguel y Azrael siempre están con nosotros.

¿Cómo se pueden proteger las personas que son clarisensibles?:

Demasiado sensibles, absorben la energía de otras personas y sienten que no pueden con toda la carga de problemas, emociones y sentimientos porque pueden canalizar todo. La protección para las energías tóxicas es importante, hay que rodearse de energía angélica, sonreír, escuchar música, (Arcángel Sandalfón), la luz rosa de Chamuel, cubrirse con la luz antes de hacer un trabajo, hay que descansar, no comer demasiado, no tener hambre, limpiar pensamientos negativos, limpiar las energías tóxicas en nosotros muy seguido.

Clariconocimiento

El clariconocimiento es el saber, tener sabiduría, información que estamos seguros de que la tenemos, pero no sabemos cómo llegó a nosotros. Nosotros solo sabemos que sabemos (Viene de Dios/la Divinidad/de los espíritus elevados). Hay muchos inventores, escritores, músicos, artistas que tienen el don del clariconocimiento (Thomas Edison).

Cómo se da el Clariconocimiento: Cuando conocemos a una persona, naturalmente y de repente sabemos detalles acerca de esa persona.

Tienes premoniciones de algo, como hacer un negocio, viajes, relaciones, sabes cómo se van a desarrollar. Tienes ideas para escribir un libro, abrir un negocio, tienes una gran intuición. Si pierdes algo, le pides a tus Ángeles y lo encuentras.

Clariaudiencia

Escuchar claramente, el sentido del oído. Podemos escuchar los mensajes de los Ángeles y de los espíritus a través del sentido del oído. Hay que saber cuándo una persona está recibiendo mensajes del mundo espiritual o si está sufriendo de un problema psicológico como la esquizofrenia, bipolaridad, trastorno de identidad disociativo, personalidad múltiple u otro problema donde hay una patología.

¿Cómo saber si escuchar voces y ver visiones es un don espiritual o un problema patológico (enfermedad física o mental que padece una persona)?

La línea es bien delgada, pero siempre se puede saber cuándo hay una patología y nosotros como trabajadores de la luz, canalizadores, nunca debemos descartar esa posibilidad y hablarle a la persona o a los familiares acerca de buscar ayuda psicológica o médica de un cuidador de la salud certificado.
*Léase apartado "La voz de Dios o patología psicológica".

¿Cómo pedir ayuda a Dios?

Cuando necesitamos algo, hay que tomarse un momento para conectar con Dios y sus Ángeles. Hay que mantener la intención en lo que pedimos y confiar plenamente sin dudar y vamos a recibir respuestas. Aunque nosotros no escuchemos, estemos seguros de que nuestras oraciones son escuchadas y van a ser contestadas. La contestación puede tardar un día o más, es el tiempo que nosotros mismos nos ponemos para escuchar las respuestas porque en realidad ya fueron contestadas.

Las respuestas pueden llegar en los sueños, a través de nuestra mente. Cuando estamos entre dormidos y despiertos, cuando no nos bloquea el miedo. El zumbido en los oídos especialmente en el izquierdo, pueden ser los Ángeles tratando de comunicarse. La voz de Dios es siempre clara, directa, amigable y algunas veces con sentido del humor. Los Ángeles hablan muy alto, al punto, formal, directo, siempre hablan acerca del amor divino, de la misión de vida, de superar obstáculos, con palabras que ayudan a liberar el miedo.

Los Ángeles hablan en poesía, es decir en forma de poema, pero también en forma tradicional o antigua o también usan lengua formal.

Escuchar la voz de Dios y sus Ángeles en muchas culturas está asociado a estar demente o loco, pero todos los santos en el mundo de los libros sagrados escucharon las voces que los guiaron. Si nosotros no hubiésemos escuchado la voz de Dios y sus Ángeles, no estuviéramos leyendo este libro hoy. Todo pasa por una razón, no hay casualidades. (Poner atención si hay una patología).

Poner atención a los mensajes que podemos recibir del mundo espiritual, recordemos que estamos rodeados de espíritus que quieren comunicarse con el mundo terrenal. Pero como médiums, es importante que siempre estemos protegidos de energías de desamor. El miedo es el depredador más grande de la psique, de la creatividad, roba todo, debilita el poder y los deseos divinos y siembra dudas.

Mediumnidad, Seres que han Trascendido la Muerte Física: Ángeles y Guías Espirituales

Hay muchas personas que no tienen conocimiento de los Ángeles, que se preguntan si sus seres queridos son sus Ángeles. Otros describen Seres con alas y celestes. Los Ángeles son mensajeros de Dios, mientras que nuestros Seres queridos que ya trascendieron que muchas veces pensamos que porque ya murieron son santos, son espíritus que siguen teniendo ego. Nuestros Seres queridos que ya fallecieron están en el mundo espiritual funcionando o moviéndose en una frecuencia de energía diferente de los Ángeles.

Estas conciencias, no importa su nivel de depuración, siempre son guías espirituales, estas ideas son diferentes a las expuestas por Kardec, pero nos ayudan en el proceso de sanación personal y profesionalmente nosotros aprendemos a contactar con ellos en el proceso que llamamos mediumnidad.

Nosotros podemos contactar a nuestros Seres queridos y amigos que ya trascendieron para resolver situaciones que no se resolvieron mientras estaban encarnados, como por ejemplo sentimientos de enojo, resentimientos o si estamos preocupados acerca de cómo se encuentran.

Todos podemos recibir información de nuestros Seres queridos que ya trascendieron, pero hay que tener en consideración que lo que nos digan o aconsejen va a ser tomado como un consejo que recibimos de un Ser querido, "Porque la abuela María sigue teniendo ego".

Hay que tener presente que las personas no se vuelven santas cuando dejan su cuerpo físico o desencarnan. Tampoco se vuelven psíquicas. Ellas tal vez pueden tener más paciencia y pueden ver las cosas de un punto de vista diferente desde el plano espiritual. Nuestra abuela María que ha desencarnado, va a seguir siendo la misma por mucho tiempo. Si cuando estaba encarnada era una persona que daba buenos consejos, lo va a seguir haciendo, si cuando estaba encarnada era una persona estudiosa de las ciencias, matemáticas, música o era psíquica, ella va a poder ayudarnos en esas áreas. Es como cuando nuestra mamá desencarna, sus consejos casi siempre van a ser asertivos. Porque una madre casi siempre sabe lo que su hijo necesita. Pero si el consejo es acerca de una relación de pareja que no es muy buena, su mamá les va a decir las cosas como son. Por esa razón es mejor pedir ayuda a Dios y a sus Ángeles. Los Ángeles están aquí para ayudarnos y su ayuda es confiable porque ellos están preparados para guiarnos.

Al mismo tiempo, la comunicación con nuestros Seres queridos que ya trascendieron la muerte física es importante porque podemos saber cómo se encuentran y perdonarnos mutuamente. Nosotros podemos comunicarnos con nuestros Seres queridos fallecidos que no hablaban nuestro idioma en el momento de su transición. Podemos comunicarnos con bebés que murieron antes de poder hablar o antes de nacer. También nos podemos comunicar con Seres fallecidos que eran mudos cuando estaban encarnados o con esos Seres que por una u otra razón no se podían comunicar durante su encarnación en la tierra. En el mundo espiritual todos nos podemos comunicar a través de la lengua universal del sentir, del pensamiento, visión, y otras formas de comunicación que no son verbales.

No hay que preocuparse que estamos molestando a nuestros Seres queridos fallecidos, si estamos tratando de comunicarnos para sanar nuestro duelo y para saber cómo se encuentran en el otro plano.

Si nos ponemos a pedir ayuda a un espíritu que no está depurado, este espíritu va a sentir dolor por no poder ayudar. Los espíritus no saben las respuestas porque están trabajando en su propia depuración al igual que nosotros. Los espíritus en el otro plano les gusta la comunicación con el mundo físico, ellos tienen libre albedrío.

Es como cuando nosotros nos vamos de viaje y extrañamos a nuestros familiares y amigos. Si ellos están ocupados van a mandar a otro espíritu a dar el mensaje, tal vez otro miembro de la familia también fallecido.

La única cosa que deja estancados a nuestros Seres queridos fallecidos es el sentimiento de rencor y resentimiento que ellos están manteniendo y también el resentimiento que nosotros podemos sentir por ellos, al igual que nuestro sufrimiento por su muerte.

Es normal que estemos en duelo profundo por seis meses después que un Ser querido fallece. Pero el duelo se puede extender hasta dos años y convertirse en depresión crónica. Gradualmente la depresión y enojo se va superando. Hay muchas personas que no pueden seguir adelante y se quedan estancadas por años.

En mi experiencia personal haciendo terapia, he encontrado diferentes casos de personas que viven su duelo extremadamente deprimidas, resentidas, al punto de querer suicidarse. Otras no pueden con el dolor y se pierden en el mundo del alcohol y las drogas o se hacen adictos a los somníferos.

También hay muchas de estas personas que se quedan encerradas en sus casas porque no pueden lidiar con el duelo, no saben cómo acomodar sus emociones. Este comportamiento puede bloquear el desarrollo o crecimiento espiritual de los Seres queridos trascendidos.

El favor más grande que podemos hacerle a un Ser querido que fallece, es tratar de sanar nuestro duelo y dejar que nuestro corazón sea feliz. Nosotros como médiums tenemos la responsabilidad no solamente de traer mensajes de otras dimensiones, sino también ayudar a las personas a sanar su duelo. En una sesión de mediumnidad siempre se hace terapia de sanación con Ángeles o con maestros ascendidos, también podemos recibir ayuda de los espíritus buenos e inteligentes que quieran cooperar en la sanación.

Una manera en la que los familiares pueden superar el duelo más fácil es uniéndose a grupos de apoyo, conectar con el espíritu de su Ser querido para asegurarse que está bien, escribir, caminar, cuidar del cuerpo y de la mente con amor y educación. (Recomendaciones al paciente por el médium).

¿Cómo hacer una mediumnidad para nosotros mismos?

Cuando perdemos a un Ser querido, hay muchas posibilidades que esa conciencia se quede con nosotros después de desencarnar. También es posible que esa conciencia esté con nosotros regularmente o todo el tiempo.

Todos nosotros tenemos a un Ángel de la guarda, pero además de Ángeles, Arcángeles y maestros ascendidos, también tenemos Seres queridos que ya trascendieron cuidándonos y guiándonos. Estos Seres queridos pueden ser familiares que murieron antes de nuestro nacimiento, familiares con quienes nosotros tuvimos una relación cercana o tal vez son familiares del pasado que tienen alguna sabiduría o habilidad especial que nos va a ayudar en nuestra misión de vida espiritual y personal. Cuando una persona muere, se le da la opción de trabajar como guía espiritual para expandir su sabiduría y para ayudar a los demás (cuando el espíritu tiene un alto nivel de conciencia). Algunos de estos espíritus deciden quedarse voluntariamente y se quedan toda una vida terrenal con el familiar. Por ejemplo, si una persona vive 75 u 85 años en el plano terrenal, ese es el tiempo que el guía espiritual se quedará con él o ella. Es importante recordar que el tiempo en otras dimensiones es diferente o no existe, 75 u 85 años para nosotros es mucho tiempo, pero cuando se está desencarnado es mucho más corto.

Estos Seres se quedan con nosotros porque nos aman y quieren ayudarnos en nuestro despertar espiritual. Al mismo tiempo, cuando ellos hacen un buen trabajo guiando a sus familiares, están trabajando en su propia iluminación.

En los casos cuando nosotros recibimos el nombre de nuestros familiares fallecidos, como el nombre de la abuela María, el abuelo Pedro, hay muchas posibilidades de que ellos sean nuestros guías espirituales. Todo esto es parte de un plan de vida y del grupo álmico ayudándose unos con otros en el despertar espiritual. Pero no es que la abuela María y el abuelo Pedro automáticamente se hacen guías espirituales. Este es un proceso, donde los espíritus necesitan sanarse a sí mismos y estudiar para poder ayudar al Ser querido que van a guiar. Este entrenamiento es con Seres más avanzados, que se da en otras dimensiones, o lo que se pudiera llamar cielo. Ellos aprenden a estar cerca de nosotros apoyándonos, pero sin intervenir con nuestro libre albedrío. También aprenden a moverse en el plano astral y estar listos para venir en nuestro auxilio cuando les necesitamos.

Estas conciencias, al igual que los Ángeles y maestros ascendidos buscan la mejor manera para comunicarse espiritualmente con nosotros. Ellos usan el sentido más desarrollado que nosotros tenemos para poder canalizar la información como a través de los sueños, nuestra mente y voz interna, nuestro cuerpo y el corazón.

Solamente los Seres que están preparados espiritualmente pueden estar con nosotros guiándonos siempre. Ellos nos van a guiar de acuerdo con la sabiduría que tenían en este plano terrenal, en sus vidas pasadas en otras reencarnaciones y lo que

hayan aprendido de los maestros más elevados. Si mi abuela María, era una mujer intuitiva que usaba la telepatía, eso es lo que me va a enseñar a mí, como mi guía espiritual. Pero si le gustaba cocinar, me va a enseñar a preparar ricos platillos.

De esta manera cuando nosotros pedimos a Dios, al universo, cuál es mi misión de vida, la abuela María me ayuda a tomar la decisión de trabajar mi intuición y desarrollar mis dones en el mundo espiritual.

Preocupaciones de las personas acerca de hablar con los Espíritus

Como médiums, psíquicos, trabajadores de la luz, la gente nos va a preguntar si está bien hablar con nuestros Seres queridos que ya trascendieron. Estas personas pueden hacer referencia a la Biblia, especialmente al Antiguo Testamento donde se habla que no hay que hablar con los muertos. Esto se puede entender, si nosotros completamente entregamos la vida a los que se fueron. Claro que esto sería un error. Es la misma cosa cuando nosotros permitimos que otra persona aquí en el plano terrenal tome control de nuestra vida.

La parte Divina en nosotros siempre tiene que estar en control, Dios. Nuestros Seres queridos fallecidos pueden ayudarnos como también nosotros a ellos, pero ellos no son santos, Ángeles, ni psíquicos, solo porque han desencarnado. La razón por la cual nosotros contactamos a nuestros Seres queridos que ya fallecieron es para saber cómo están y sanar nuestro duelo sintiéndonos que ellos nunca nos han dejado porque no han muerto. También lo hacemos para saber que tenemos guías espirituales ayudándonos en nuestra misión de vida. Los espíritus como nosotros que somos espíritus encarnados también tienen libre albedrío y pueden decidir si quieren hablar con nosotros o no cuando son contactados.

Casi todos los espíritus quieren tener ese contacto terrenal con sus Seres queridos. Ellos están dispuestos a ayudar a sanar nuestro duelo porque nos aman. Si tienen tiempo y permiso para una comunicación con el mundo terrenal, lo hacen con gusto.

Guías espirituales de personas adoptadas

En el mundo espiritual esto es muy común que las personas quieran saber porque nuestros guías espirituales son nuestros familiares. ¿Quiénes son los guías espirituales de las personas adoptadas? Las personas adoptadas tienen más guías espirituales que las que no lo son. Esto se debe a que tienen personas que las aman, tanto de su familia adoptiva como de su familia de sangre.

También es importante mencionar que nosotros tenemos guías espirituales que son parte de nuestro grupo de almas, tal vez parientes no muy cercanos o alguien con quien tuvimos una vida pasada o hay un contrato de alma.

Preguntas más comunes en una mediumnidad

> *¿Cómo están mis Seres queridos que ya trascendieron la muerte física?*
>
> *¿Está mi Ser querido en el cielo? ¿Está mi Ser querido en el infierno?*
>
> *¿Le puedo pedir favores a mi Ser querido? Por favor dígale a mi Ser querido que me ayude a solucionar este problema de salud, dinero o amor.*

Esta es la pregunta más común que escuchamos los médiums siempre. Todas las personas tienen temor o miedo que sus Seres queridos fallecidos estén en el infierno, bajo astral o algo parecido.

En mis canalizaciones (mediumnidades) yo me he dado cuenta de que casi todas las almas están bien. El único sufrimiento que ellas tienen es el apego a la tierra y tiene que ver con los familiares que dejaron atrás y cómo estas personas están viviendo el duelo. Si nos obsesionamos al punto donde nos bloqueamos o nos paralizamos, las almas se apegarán más al plano terrenal. Cuando trascendemos necesitamos continuar con nuestro desarrollo espiritual, hay una vida que seguir al igual que aquí en la tierra. Si nuestros Seres queridos nos ven paralizados o estancados se van a quedar y van a sufrir también como nosotros.

¿Cómo se sienten los espíritus en otras dimensiones?

Los espíritus generalmente hablando casi todos se sienten bien físicamente porque todas sus enfermedades desaparecen porque ya no hay cuerpo. Son muy pocos los espíritus que siguen cargando los pensamientos de dolor que vivieron y les atormenta (Infierno-bajo astral). El alma o espíritu está siempre saludable cuando su memoria no tiene grabados los pensamientos de dolor. Eso depende de cada espíritu y de su nivel de conciencia.

Si el espíritu es consciente que ya desencarno, se ha perdonado y ha perdonado todo resentimiento; este espíritu no sufre, vuela libre y sigue con su desarrollo espiritual. Los espíritus se sienten igual que la abuela María y el abuelo Pedro cuando estaban encarnados. La diferencia es que no tienen cuerpo y que no hay dolor ni sufrimiento.

En el cielo, otra dimensión, los espíritus son felices, emocionalmente están bien, ya no tienen que preocuparse por todas las cosas materiales que les causaban dolores de cabeza en el plano terrenal, al menos que no sean conscientes o que nosotros aquí estamos sufriendo y lamentándonos por su partida, les vamos a estar halando emocionalmente.

Los espíritus con un alto nivel de conciencia son libres para viajar en la dimensión que les corresponde y pueden tener todo lo que ellos deseen, ellos pueden crear con la mente cualquier situación o condición (cosas hermosas), pueden trabajar como voluntarios, compartir tiempo con familiares y amigos encarnados y desencarnados.

Otras de las preguntas más frecuentes en una mediumnidad son:

¿Está mi Ser querido enojado o resentido conmigo? Los familiares aquí en la tierra se preguntan si sus Seres queridos fallecidos están enojados, ¿Por qué? No estuvieron con ellos en los últimos momentos, tomaron decisiones para desconectarlos de un respirador que le tenía con vida; ellos tenían un estilo de vida o comportamiento que sus Seres queridos fallecidos no aprobaban; tuvieron peleas o desacuerdos por herencias.

Piensan que pudieron hacer algo para prevenir la muerte de ellos, pero no hicieron nada o fueron culpables por sus muertes, no han encontrado o juzgado por la ley los responsables por su muerte o accidente. En realidad, son muy pocas las almas o espíritus que pasan a otra dimensión y no perdonan estas situaciones. No es que no existan, pero casi todas las almas con las que yo me he comunicado han perdonado. La memoria de los espíritus cuando pasan a otro plano suelta todas las preocupaciones del mundo material.

Cuando trascendemos somos más conscientes de las cosas, podemos ver con más claridad las verdaderas intenciones de las personas. Cuando nosotros entramos en otro plano podemos entender porque las personas se comportan de alguna manera en particular. Los espíritus no juzgan, pero tienen compasión. Bueno, casi todos los espíritus.

¿Cuándo los guías espirituales actúan en nuestras vidas?

Los espíritus guías sólo intervienen si las adicciones, malos hábitos, nos están desviando de nuestra misión de vida. También si estamos en peligro de muerte y no es nuestro tiempo, ellos nos avisan para que no nos suceda nada o que la situación sea más ligera.

¿Cómo nos ven los espíritus?

No hay que preocuparse de que la abuela María o el abuelo Pedro nos van a ver cuándo nos estamos bañando o haciendo el amor. No hay morbo, los espíritus solo ven nuestra alma, así como nos ven los Ángeles. Solo los espíritus que están apegados a la tierra ven la dualidad y los deseos terrenales que siguen efectivos. Los espíritus elevados ven nuestro espíritu y perciben nuestra energía. Se dice que no pueden ver nuestro cuerpo porque no es importante, solo el alma.

Nuestros guías espirituales entienden nuestros pensamientos y sentimientos de cada situación. Ellos saben cómo nos estamos sintiendo, nosotros no podemos esconder nuestros verdaderos sentimientos. Ellos saben cuándo estamos sufriendo.

Por ejemplo, si nosotros nos sentimos resentidos porque nuestros Seres queridos murieron porque no cuidaron su salud, tomaban o se suicidaron y nosotros sabemos que ellos estaban mal pero no los juzgamos porque ya están muertos, ellos pueden sentir ese dolor en nuestro corazón y nuestra mente.

A nuestros Seres queridos les gustaría tener una conversación de corazón a corazón y de alma a alma con nosotros para entender todo lo que está pasando y resolverlo, para disipar enojos, miedo, culpa, preocupaciones, podemos enviarles una carta, comunicarnos mentalmente o hablando en voz alta.

¿Todos nos podemos comunicar con nuestros Seres queridos que ya trascendieron?

Si eso es así, nosotros nos podemos comunicar con nuestros familiares y amigos que ya trascendieron en cualquier momento y en cualquier lugar. Los espíritus de nuestros Seres queridos no están en el cementerio. Ellos están moviéndose libremente a través del universo vibrando en diferentes dimensiones. Ellos quieren sanar todo el dolor que han dejado atrás, perdonando. Así que ellos van a estar contentos de poder comunicarse. No quiere decir tampoco que ellos están a la disposición de nosotros para todo lo que queramos, y tampoco nos pueden guiar si no están preparados.

En mi experiencia trabajando con los espíritus, me he dado cuenta de que todos podemos sentir la presencia de nuestros Seres queridos fallecidos. Todos nosotros tenemos una gran sensibilidad en nuestro cuerpo para percibir energías y tenemos la intuición para traducir estas energías en conocimiento que tenga significado. Este es un instinto que todos tenemos para sobrevivir.

Si percibimos la presencia del abuelo Pedro o de la abuela María, necesitamos confiar en lo que estamos percibiendo. Nuestro cuerpo conoce nuestro medio ambiente y manda esa información a nuestra mente. Si nosotros aceptamos esos instintos intuitivos, vamos a poder tener comunicaciones claras con otras dimensiones, en otras palabras, con el "Cielo", el mundo espiritual.

Mi historia con los espíritus

Desde niña, yo puedo ver y comunicarme con los espíritus. Cuando íbamos a un velatorio o a un funeral, los muertos me hablaban. La primera vez que un muerto-espíritu me habló fue cuando tenía siete años. A este hombre lo habían asesinado y lo trataron de tirar a un río, pero se quedó colgado en un puente. Mi madre y yo estábamos de compras en un pequeño pueblo. El espíritu me contó su historia de cómo lo habían asesinado. Todo con lujo de detalles que me ponían a temblar de miedo y comencé a vomitar. Yo quería contarle a mi madre lo que estaba pasando, pero ella no quería escuchar sandeces de una niña llorosa enfrente de las personas. Mi madre tenía miedo de pensar que lo que mi abuela, su mamá, bruja, curandera decía, era verdad: "Eres una bruja blanca". De estas historias pasaron muchas, el miedo me atrapaba porque podía escuchar y sentir el sufrimiento de esas personas cuando morían. Fue hasta que tenía como ocho o nueve años cuando yo estaba muriendo de cáncer en el Hospital Benjamín Bloom de niños en El Salvador, que pude ver el alma de mi amigo Jaime elevarse al cielo después que su cuerpo murió de leucemia. Esa fue una de mis mejores experiencias espirituales en mi vida porque me di cuenta de que no morimos, si no que trascendemos, así lo vi y me lo dijo el espíritu de mi amigo.

En realidad, yo no tengo nada de especial. Todos somos Seres espirituales bendecidos con muchos dones y la mediumnidad es uno de esos dones. Todo depende de nuestra confianza que tengamos en nosotros mismos, en nuestra intuición, y percepción para desarrollar y pulir nuestras habilidades psíquicas.

Cuando estamos haciendo una canalización, lectura, mediumnidad, especialmente a una persona que está profundamente afectada por el duelo, es normal que nos sintamos ansiosos haciendo la canalización. Eso pasa porque nosotros también estamos sintiendo, canalizando el dolor de esa persona y queremos hacer lo mejor posible para traerle esa información que está buscando, que le va a traer paz. Pero hay que tener cuidado porque esta ansiedad puede bloquear nuestros sentidos psíquicos.

Notas

> Es imperativo que solo nos enfoquemos en conectar con el amor entre la persona en el plano espiritual y la persona a quien le estamos haciendo la lectura.

Visualizamos una luz (una corriente de luz), una luz amorosa que nutre armonía saliendo de nuestro corazón y del corazón de la otra persona a quien le estamos haciendo la lectura. Visualicen esas luces que son puro amor juntándose una con la otra y fundiéndose en una sola una con la otra.

Es muy importante en toda mediumnidad o lectura poner el enfoque en hacer las preguntas y contestar esa pregunta. ¿Cómo le puedo servir?, en estos momentos el ego patalea, chilla y hace su berrinche, entonces nosotros nos preguntamos ¿Qué tal si lo que digo en la lectura está equivocado?, ¿Qué tal si hago el ridículo?

Cuando ponemos toda nuestra intención en ayudar, automáticamente nosotros realizamos la lectura desde nuestra parte Divina, nuestro "Yo Superior". Es nuestro espíritu conectando con los espíritus en otras dimensiones.

Recordemos que nuestro "Yo Superior" es 100% psíquico, el 100% del tiempo, (mientras que el ego es miedo), todo lo relacionado con nuestro ego es basado en el miedo y la desconfianza y no es para nada psíquico.

Cuando hacemos una mediumnidad o canalización, siempre hay que tener en mente que nuestro enfoque es en el servicio que estamos haciendo, la sanación del duelo de la persona a quien le estamos haciendo la lectura. Cuando pensamos de esta manera no hay nada que pueda fallar porque lo estamos haciendo desde el amor con la protección y guía de Dios, sus Ángeles y Seres de luz.

Hay que tener en mente también que los espíritus que vamos a contactar durante una sesión de mediumnidad son como nosotros, con la diferencia que no tienen cuerpo. Ellos siguen siendo igual con sentimientos reales y ego. Es posible que ellos sean más tolerantes y puedan perdonar con más facilidad que cuando estaban encarnados en la tierra. Pero ellos valoran mucho nuestro respeto (es requerido), cuando hacemos una mediumnidad.

Los espíritus saben exactamente cuál es el interés real de los médiums. Ellos saben si nosotros estamos en el mundo espiritual porque somos genuinos y queremos ayudar a los demás o si solamente estamos interesados en obtener fama y fortuna siendo un psíquico famoso.

¿Qué aprecia el mundo espiritual de nosotros en una mediumnidad?

Las personas fallecidas aprecian la ética, respeto y el buen comportamiento social como cuando estamos encarnados. Por ejemplo, en una mediumnidad nosotros como espiritistas-médiums-canales, necesitamos presentarnos con respeto ante estas conciencias que están tratando de contactar. No podemos solamente soltarnos en preguntas y demandar información.

¿Cómo hacer una mediumnidad?

Primero hacer la oración a Dios y pedir el permiso para invocar a un espíritu y estar protegidos con nuestro Ángel de la guarda y los Seres de luz.

Manera correcta es: Hola ----NOMBRE (MARIA)---, soy –TU NOMBRE (BLANCA--y me gustaría hablar con usted/contigo para ayudar a su/tu --PARENTESCO-(HIJA) LAURA-- a sanar su duelo después de tu partida, ¿Es posible que hablemos? ¿Podemos hablar?

Manera incorrecta: ¿María, dame información de Laura?

Así como a nosotros nos gusta que nos traten con respeto, lo mismo pasa en el mundo espiritual. ¿Cuál de esos dos saludos o presentaciones es para ustedes la correcta?

Nosotros podemos hablar con Seres desencarnados a través de nuestra mente o en alta voz, también lo podemos hacer en completo silencio. Ellos nos escuchan de cualquier manera, ellos no se equivocan. Ellos entienden lo que nosotros estamos pensando y sintiendo. Si nuestra intención es de ayudar y lo hacemos con ética y respeto, el mundo espiritual va a cooperar y a confabularse a nuestro favor durante una sesión de mediumnidad. Estas conciencias en el otro plano nos van a dar mensajes detallados y correctos que van a ayudar a todos los involucrados en la lectura.

El mundo espiritual sabe que nosotros tenemos miedo de los fantasmas y de las muchas cosas que nos asustan de los "muertos". Muchas veces nosotros como médiums, empezamos una sesión con buena intención, pero cuando nos damos cuenta de que realmente estamos hablando con un muerto, nos asustamos, retrocedemos y bloqueamos la comunicación.

Este es uno de los problemas más reportados de mis estudiantes certificados de mediumnidad, cuando comienzan a trabajar solos. Llaman al espíritu y cuando el espíritu se hace presente entran en pánico y no pueden concluir la comunicación. Aquí el miedo o ego les está jugando una mala pasada porque los estudiantes no se prepararon bien antes de abrir la puerta al mundo espiritual.

El mundo espiritual considera esto como un insulto, porque lo es. Es una falta de respeto. Es lo mismo que si empezamos una conversación con alguien que acabamos de conocer y le dejamos plantado en el medio de la plática o conversación.

¿Cómo saber si una lectura ha terminado?

Estos puntos que vamos a mencionar pueden ayudarnos:

Cuando hacemos una lectura, somos nosotros los médiums que dudamos de la veracidad de la comunicación con los espíritus, aunque estemos dando una buena lectura. Eso se debe a que hay una fuente de pensamientos internos de muy baja vibración. Es un monólogo (Charla con nosotros mismos) diciéndonos, "yo me estoy inventando todo esto".

Si nosotros hacemos una canalización en público con muchos espectadores en vivo en las redes sociales, muchas de esas personas, si no todas, van a dudar de la veracidad o de su valía como médium. Hasta el propio cliente que ha solicitado la mediumnidad va a dudar. Son muy pocas las personas que no dudan, aunque estas personas quieran contactar con sus Seres queridos.

Cada vez que usted contacte a un espíritu tenga en mente estas tres cosas:

Identifiquen la relación de la persona fallecida con el cliente, o en otra palabra quien es la persona fallecida que ustedes van a contactar-hablar. Es la esposa/hija/abuela/etc.

Den información específica que le dé una reacción física y emocional a su cliente. Ustedes quieren que el cliente se quede convencido, que se quede con la boca abierta de escuchar detalles específicos de esa persona fallecida. Que puedan sentir o ver lo que el espíritu está comunicando. Que lloren, pero de felicidad de ver y sentir a su Ser querido. Una fuerte reacción positiva de alguien envuelta en la lectura ayuda a generar confianza en el médium. Pero, el mundo espiritual es de experiencias y nosotros solo hacemos nuestro trabajo como canales.

Siempre traigan palabras amorosas. Hay que saber cómo poner en contexto los mensajes espirituales. Traduzcan los mensajes usando el diccionario del corazón. Ejemplo, un padre le dice a su hijo(a) "Estoy muy orgulloso de ti", "Siento mucho por la manera en que te trate cuando estaba encarnado", cualquier mensaje que toque el corazón de su cliente es calificado, porque los espíritus no van a traer mensajes de dolor a sus familiares.

Y si el mensaje es doloroso, nosotros tenemos la responsabilidad como médiums de ponerlo en una manera suave y amorosa. Nosotros no vamos a permitir que esa persona en duelo salga de nuestro consultorio con el corazón más roto de que cuando llegó porque nosotros canalizamos el mensaje de otro espíritu inconsciente que quiso jugar una broma de mal gusto. Hay que reconocer cuando un espíritu es bueno y tiene la intención de comunicar cosas agradables. Los Seres queridos fallecidos, casi siempre traen mensajes de amor.

Estos tres puntos son igual de importantes y se pueden usar en cualquier orden. Aquí explico una manera de cómo aplicarlos.

El poder de la fuerza del nombre

Siempre tengamos presente que el primer nombre contiene una vibración que es la clave para abrir los registros Akashicos del alma o el Libro de la Vida. Es una realidad que los registros Akashicos o Libro de la Vida contienen toda la información de nuestra alma que fue escogida por nosotros mismos con la ayuda de nuestros guías espirituales. El nombre de cada uno de nosotros es dado a nuestros padres por nuestro Ángel de la guarda, Arcángeles o guías espirituales en el momento de nuestro nacimiento. Muchas veces, nuestros padres tienen el nombre ya listo antes de nuestro nacimiento que es dado por los guías espirituales también. Si nuestros padres no escuchan a nuestros guías espirituales y nos dan otro nombre, es cuando no nos sentimos bien con nuestro nombre. Y toda la vida sentimos que tenemos el nombre equivocado. Por esta razón, hay muchas personas que se cambian el nombre y eso les ayuda a sentirse mejor.

El primer nombre de la persona tiene una vibración especial y única. No importa cuántas Marías haya en el mundo, cada nombre es único.

Es importante que en una sesión de mediumnidad, nosotros preguntemos al cliente que si hay alguien en particular con quien se quiere comunicar o contactar.

¿Hay alguien en particular con quien usted desea comunicarse?

Si es así, hay que preguntar por el primer nombre. Yo en particular, uso el nombre completo y la fecha de nacimiento al igual que la fecha en que el espíritu desencarno. Después meditamos y hacemos oración, como nos sintamos más cómodos y en armonía. Le decimos al cliente los pensamientos, sentimientos, visiones y lo que escuchamos. Todo lo que viene a nosotros en el momento de la sesión de mediumnidad, son mensajes para el cliente.

Si esta conciencia ha reencarnado o ha ascendido a un nivel muy alto de purificación, nosotros siempre podemos encontrar información de este espíritu a través de su nombre. Si este espíritu no está listo para atender una llamada de comunicación personalmente con el plano terrenal, alguien más (espíritu), en el mundo espiritual va a poder entregar el mensaje de ese espíritu que se está tratando de contactar.

En el caso que la persona haya cambiado el nombre o lo haya hecho más corto antes de morir, hay que probar todas las posibilidades usando los diferentes nombres hasta que nosotros podamos recibir mensajes psíquicos-espirituales de esa conciencia.

El primer nombre es la llave que abre la puerta de los registros Akashicos, el Libro de la Vida y hay que probar todas las llaves hasta que podamos tener alguna información.

Nosotros como médiums, comunicamos al cliente en contexto todo lo que miramos, escuchamos, sentimos y pensamos durante la sesión de mediumnidad. No importa cuánto nuestro ego trate de convencernos de no entregar estas impresiones psíquicas al cliente. "No lo digas, tú estás mal, estás equivocado, tú te lo estás inventando". Este es un claro ejemplo del monólogo del ego durante una sesión de mediumnidad.

En el momento que comenzamos una sesión de mediumnidad, todo es incluido, lo que sentimos físicamente, psíquicamente, vemos, pensamos y escuchamos.

Todo es parte de la sesión, todo sin dejar nada afuera. Si un perro ladra o lo visualizas, significa que este perro tal vez era la mascota de la persona fallecida con la que nos estamos comunicando. Si escuchamos el ruido de una aspiradora, significa que a esa persona le gustaba limpiar, o que trabajaba en la limpieza. Si escuchas la sirena de una ambulancia, significa que esa persona fue trasladada al hospital en una ambulancia antes de morir, o que su trabajo estaba relacionado con algo de esa clase, nuestras corazonadas o intuición van a ultimar y explicar todos los signos y señales en el mundo exterior o físico para poner todo en contexto en la mediumnidad.

Lo más importante es decir todo lo que nosotros estemos canalizando a través de todos nuestros sentidos psíquicos durante la sesión de mediumnidad. Algunas veces, vamos a canalizar cosas muy raras, pero entre más raras esas cosas son para nosotros, pueden ser más familiares para el cliente.

Mensajes específicos de Seres queridos fallecidos

Cuando un cliente desea mensajes especiales de un Ser querido fallecido, es necesario tener una conversación con ese espíritu o alma de ese familiar que nuestro cliente quiere contactar. Hablar con un espíritu o un Ser desencarnado en otras dimensiones es como hablar con cualquier otra persona aquí en el mundo material. Es como hablar con esa persona que nosotros amamos, tenemos que hacerlo desde el amor.

Necesitamos ser auténticos, reales, respetuosos y sobre todo amorosos. El mismo respeto y cortesía que tenemos con Seres encarnados cuando hablamos con ellos, se tiene también con Seres desencarnados. Hay que hacer preguntas sinceras y comunicar las respuestas a estas preguntas a nuestro cliente sin pérdida de tiempo. Si nos ponemos a juzgar el mensaje, hay muchas posibilidades que no lo vamos a entregar completo.

Cuando el cliente hace una pregunta a su Ser querido fallecido, nosotros como médiums simplemente meditamos en esa pregunta con la intención de preguntarle al espíritu de la persona fallecida que estamos contactando. Hay que poner atención cómo el espíritu se va a comunicar a través de nuestro cuerpo, sentimientos, palabras, visiones, pensamientos, todo lo que sea físico y mental.

Cuando hacemos una mediumnidad, es diferente de cuando hacemos una canalización de Ángeles. Los Ángeles, nos hacen vibrar alto y nos dan hermosos mensajes. La comunicación con los espíritus muchas veces no tiene ningún sentido para nosotros los médiums. Pero eso es porque estos mensajes no son para nosotros, son para el cliente. Nuestro ego, nos va a decir que solo lo que entendemos es real y que si no lo entendemos es imaginación equivocada.

Nuestro trabajo como médiums, es dar los mensajes que recibimos sin juzgarlos. No importa si no los entendemos. El ego que es puro miedo y nada sabio nos dirá que lo que estamos viendo, escuchando, sintiendo o pensando es irreal. Es necesario ir más allá del ego y dar los mensajes.

Sentimientos y sensaciones cuando conectamos con los espíritus

Todo depende de nuestra vibración, y del nivel de iluminación del espíritu con quien nos estamos comunicando. Hay subida de temperatura en el medioambiente, escalofríos, miedo si no estamos protegidos, movimientos de las manos como guiadas a escribir, hablar muy rápido o muy despacio, deseo de llorar, sonreír, euforia, tristeza, enojo, culpa, sentimiento de abandono, sentimiento de resentimiento, apego a algo o alguien.

Sentir que nos acarician el pelo, sentir que nos tocan, que nos empujan, sentir que alguien nos arrastra bajo el agua. Un cambio de percepción del panorama es como estar en otro lugar completamente diferente, sentir que estamos dentro de un cristal o un lugar hecho de gelatina blanca. Se pueden divisar paisajes de lugares extraños, sentimientos de que lo físico desaparece.

Nos sentimos en otras dimensiones, puede ser frío o caliente dependiendo del espíritu que estemos contactando. Nos sentimos conectados con el periespíritu del Ser que estamos contactando, lo podemos visualizar con los ojos físicos o con nuestra alma. Sentimos que respiran cerca de nosotros, nos observan, sabemos que están ahí, podemos ver sombras o un cuerpo humano materializado completamente que aparece por fracciones de segundos, escuchamos voces, forman palabras, sonrisas, quejidos, llantos, etc.

¿Cómo identificar a los espíritus que acompañan al cliente?

Cuando un cliente nos visita o nos contacta, nunca está solo. Es posible que el espíritu de la persona que el cliente quiere contactar ya lo está acompañando. Es posible también que haya muchos más espíritus acompañándolo aparte de su Ángel de la guarda y sus guías espirituales. Todos los médiums, espiritistas, tenemos nuestra propia manera de identificar la presencia de los espíritus que nos acompañan. Casi todos sabemos que nuestro Ángel de la guarda está siempre a nuestro lado izquierdo, al igual que la presencia de nuestro amoroso Arcángel Miguel.

Yo voy a hablar de mi propia experiencia de cómo identifico a los espíritus, cuando hago una sesión de mediumnidad. Esta es mi propia percepción. Ustedes van a desarrollar su propia intuición y percepción de la posición de los espíritus que acompañan a nuestro cliente.

Como les relaté anteriormente, cuando era una niña podía ver que las personas tenían luces a su alrededor, y estas luces cambiaban de intensidad o brillo. Después de tener la experiencia de ver elevarse el alma de uno de mis amigos que murió de leucemia en el mismo hospital donde yo también estaba sufriendo de cáncer, me di cuenta de que los espíritus eran como rayitos, estrellitas fugaces o chispitas de luz que se agrandaba o achicaba dependiendo de cómo yo me estaba sintiendo. Cuando yo estaba feliz podía ver el espíritu de mi amigo brillando muy fuerte con una luz que irradiaba paz. Pero también este cambio sucede de acuerdo con el sentimiento del espíritu, el cual altera su periespíritu.

También he visto muchos espíritus de personas que se quieren comunicar, que están sufriendo y necesitan ayuda. En sesiones de mediumnidad, yo he visto decenas de espíritus. Por los últimos veinte años mi madre ha estado conmigo y me ha dado detalles de lo que es la muerte, además de muchas otras cosas.

Mi suegro, me ha acompañado en muchos viajes astrales donde he estado conviviendo con el amor de los espíritus, siempre acompañada de mi Ángel de la guarda. Las Filipinas es un país donde tuve muchos encuentros con espíritus, hay muchas almas nobles en ese país. Es imposible enumerar todas mis experiencias con Seres desencordando, pero también he tenido muchos encuentros con espíritus que me han causado miedo. Especialmente cuando era niña. Estas experiencias de miedo no han sucedido durante una sesión de mediumnidad.

Todos tenemos un guía espiritual que está con nosotros todo el tiempo. Pero todos tenemos también una cuadrilla de espíritus con nosotros todo el tiempo que son nuestros Seres queridos fallecidos. Es hermoso ver compartiendo a nuestro lado, aunque nosotros no nos damos cuenta. Esto tiene que ser de esta manera, sino no pudiéramos tener una vida estando pendientes de nuestros antepasados muertos que nos acompañan.

He diseñado un gráfico o un esquema para mostrar los puntos alrededor de la persona donde yo identifico los espíritus acompañantes. Muchos espiritistas también lo perciben de esta manera, pero no exactamente igual. Lo mismo con cada uno de ustedes, esto también puede ser muy diferente o igual a mi percepción.

Vivimos en un mundo material de los opuestos: arriba-abajo; enfrente-atrás; derecha-izquierda. Siempre hay dos polos opuestos en el universo material. En el gráfico o esquema de una persona o cuerpo, yo identifico a los espíritus partiendo del centro de la mitad. De la derecha a la izquierda del cuerpo, atrás y en frente.

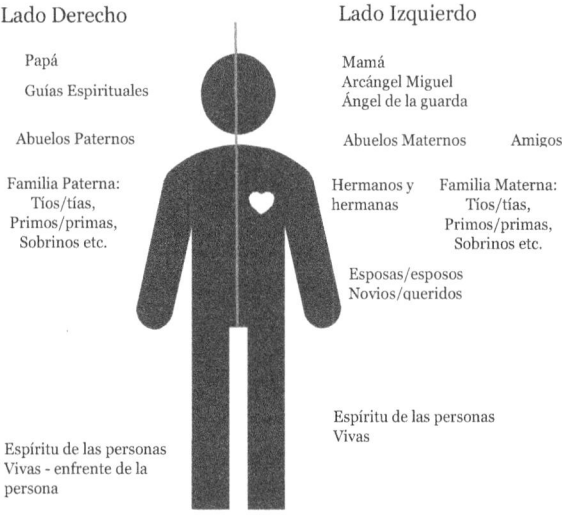

Nuestros Seres queridos, almas, espíritus, del lado de nuestra madre que tienen energía femenina se asocia con el lado del corazón, el lado izquierdo, porque hay esas sensibilidad y energía amorosa. Nuestros Seres queridos fallecidos en el lado de nuestra madre se identifican al lado izquierdo cuando nos acompañan. Nuestra madre nos acompaña casi en la misma posición de nuestro Ángel de la guarda, pero un poco más enfrente, como un guardaespaldas. También está el Arcángel Miguel, de la línea de la mitad del cuerpo siempre en el lado izquierdo, también están nuestros abuelos maternos fallecidos casi al nivel de nuestro hombro. Como a unas seis a siete pulgadas a un pie, están todos nuestros Seres queridos de parte de nuestra madre. Nuestras hermanas y hermanos están más cerca del brazo izquierdo. Los amigos se identifican al mismo nivel de los hermanos, pero más a la izquierda. En frente de los amigos se visualizan también a la izquierda los tíos, tías, sobrinos, sobrinas, primos y primas. También al lado izquierdo se identifican los esposos y esposas fallecidas al igual que los amantes o novios.

En el lado de la energía masculina, lado derecho, lado de la fuerza, del hombre que trabaja usando su mano derecha, alineado, pero más atrás de la posición de la madre se posiciona el padre a una distancia de casi medio metro aproximadamente enfrente de los guías espirituales. Casi al nivel de los hombros están los abuelos paternos y más a la derecha los familiares de parte del padre, tíos, tías, primos, primas, sobrinas y sobrinos.

Las energías de las personas que están vivas se pueden percibir en frente del cliente o persona, aunque no estén muertos, pero si el cliente está preocupado por esa persona, lo vamos a poder percibir a su lado derecho o izquierdo, siempre enfrente, pues los vivos siempre se identifican enfrente y los muertos atrás. No hay que asustar al cliente diciéndole que su familiar vivo está entre los muertos, hay que aclarar que es tan solo la preocupación que atrae la energía.

Si por alguna razón, no podemos ver los espíritus ni percibirlos, podemos cerrar los ojos y usar la mano para sentir las energías alrededor de la cabeza y los hombros del cliente, sintiendo la energía con el poder del nombre. No importa si la persona es diestra o siniestra, la familia materna fallecida siempre se identifica a la izquierda, en el lado del corazón. Mientras que la familia paterna fallecida, en el lado derecho.

Recordemos que entre más cerca de la cabeza se encuentra el espíritu, es más cercano como grupo álmico, también de sangre, pero los lazos de amor son más fuertes.

Cordón de plata/plateado

Este espíritu está dejando en este momento su cuerpo físico para ir al mundo astral/mundo espiritual, donde vamos cuando soñamos o cuando visitamos otras dimensiones en  meditación, en cuerpo astral o simplemente nos despegamos del cuerpo físico por un momento. Los espíritus también se comunican a través de los sueños, todos recibimos mensajes de nuestros Seres queridos fallecidos en los sueños.

También el cordón de plata es lo que hace la diferencia entre un espíritu que ya desencarno/murió y un espíritu que está soñando o viajando en cuerpo astral. Hay que poner atención si el espíritu muestra que está todavía encarnado, aunque no es fácil ver el cordón plateado porque es etéreo y muy sutil.

¿Cómo se pueden deshacer los bloqueos en los médiums?

Los bloqueos más importantes en los médiums o espiritistas suceden cuando están vibrando ALTO en la manera que se comunican con Dios y sus Ángeles.

Conectarse con los espíritus y recibir mensajes durante una sesión de mediumnidad puede ser un reto si no practicamos diferentes niveles de vibración. Si estamos vibrando alto vamos a conectar solamente con espíritus elevados y eso es bueno para nuestro aprendizaje espiritual y para llevar mensajes al mundo. Pero el cliente va a pedir mensajes de su Ser querido fallecido que no está elevado porque sigue apegado al plano terrenal.

Casi todas las personas se sienten en sintonía para comunicarse con Dios y sus Ángeles y tienen dificultad para comunicarse con esos espíritus que están vibrando en dimensiones más bajas. Es fácil bajar nuestro nivel de vibración, es como caminar descalzos en el piso y restregar los pies con fuerzas sobre la dualidad, en otras palabras, es bajar nuestra elevación. Cuando canalizamos Ángeles y Seres descarnados nos acostumbramos al sube y baja. Si sentimos que no conectamos, se pueden remover cristales o joyas que ayudan a subir el nivel de vibración. El amor es siempre importante, pero la sintonía es diferente porque vamos a ir muchas veces al bajo astral.

Es importante que nos acostumbremos a trabajar en diferentes niveles de vibración, especialmente si somos canalizadores de Ángeles y nos conectamos con Seres de luz elevados. También es importante para nuestra comunicación con Dios.

Cuando aprendemos a manejar los niveles de vibración, podemos dar mensajes mixtos a un mismo cliente de su Ser querido fallecido y de los Ángeles, Arcángeles y Seres de luz. Todo esto puede hacerse con práctica y con el deseo. Eso es para los médiums que quieren moverse en diferentes niveles de canalización.

Muchas personas preguntan que si la duda del cliente es una barrera para recibir mensajes en una sesión de mediumnidad. Yo siempre les contesto que cuando un espíritu quiere comunicarse, lo va a hacer, aunque nadie crea porque ese espíritu tiene el permiso y la voluntad. Por ejemplo, a mí me han hecho preguntas para investigar si en realidad mi trabajo como médium es válido y he podido dar mensajes a esas personas de sus Seres queridos porque sus familiares quieren comunicarse y estas personas también porque en su corazón ellos saben que el espiritismo es realidad.

Es una realidad que si una persona era callada cuando estaba encarnada o hablaba poco, durante una mediumnidad también va a hablar poco. Es relevante también mencionar, que no importa la lengua que la persona fallecida hablaba cuando estaba encarnada, en el mundo espiritual todas las lenguas son traducidas. También podemos traer mensajes de las personas que eran mudas cuando estaban encarnadas, en el mundo espiritual se habla un idioma universal.

Muchas veces los médiums tienen miedo de contactar con los espíritus por las películas de espanto, pero en realidad casi todos los espíritus tienen un carácter bueno y quieren comunicarse. Ellos se ven normales y nunca muestran características desagradables, aunque estén confundidos. Ellos se van a mostrar en una manera que nosotros los podamos identificar más fácil. Si, por ejemplo, una persona perdió a un bebé, ese espíritu se le va a presentar como un bebé o como la persona lo piensa o se lo imagina.

Yo siempre digo que en los videos que hago, que los Seres queridos fallecidos se presentan usando sus mejores galas de cuando estaban encarnados. Pero también se pueden mostrar diferentes para hacer un punto de referencia a la familia y logren recordar algún episodio. También se presentan con cosas (tazas, copas, libros, sillas, mesas, puros, cigarros, pelotas de soccer y de béisbol) y en sitios que el familiar pueda recordar o reconocer.

Conducir una mediumnidad puede ser muy agradable y sanadora porque nos ayuda a todos a perder el miedo a la muerte y encontrar el beneficio de los mensajes de nuestros Seres queridos que ya trascendieron. También nosotros como médiums necesitamos ser sensibles y tener entendimiento de lo que es la tanatología y como trabaja para sanar los duelos.

Es importante que nosotros disfrutemos cada sesión de mediumnidad.

Personalmente, cada mediumnidad toca mi corazón y lo atesoro para siempre porque sé que es un regalo de Dios, del universo. Disfrutemos de cada sesión de mediumnidad poniendo el corazón, nuestra ética, respeto, disciplina y amor usando nuestros dones psíquicos.

Bajo astral

Es un estado mental donde no estamos vibrando en el amor, en donde nos encontramos frente a la depresión, ansiedad, enojo, envidia, frustración, celos: todo derivado del miedo. Esto puede ser cuando estamos encarnados o desencarnados. En este estado de baja vibración no se puede conectar con la divinidad.

Las energías bajas existen, este estado es muy normal en los Seres humanos debido a la dualidad, que es el mundo de los opuestos. En mi experiencia: las energías de miedo de otras personas pueden afectar al canalizador, especialmente cuando no estamos bien protegidos, con fe y la confianza en Dios, (algo que puede pasar al canalizador nuevo), es más fácil enfrentarse con energías bajas. Un canalizador tiene que conocerse a sí mismo y sabe si emocionalmente está preparado, sin dudar.

Cuando canalizamos y se presenta un Ser que no conocemos es importante preguntar si es un Ser de luz, ya que los espíritus no pueden mentir. El canalizador también puede sentir si es una energía de baja o alta vibración. En caso de que se enfrenten a una energía de baja vibración es mejor cerrar esa puerta.

Nosotros tenemos libre albedrío y podemos decidir lo que queremos o no queremos hacer. También se sabe que el bajo astral es una dimensión de energías discordantes o bajas donde el espíritu decide quedarse ahí por su libre albedrío y dependiendo de su nivel de conciencia, de cuánto se quieran quedar apegados a la tierra y su dualidad. El bajo astral es el medio entre la tercera y la cuarta dimensión. El espíritu se queda en esa zona si no quiere ir a la luz.

Estas almas deciden quedarse en esa dimensión porque están más cerca de la tierra; creen que están vivos y sienten que están interactuando y viviendo las experiencias terrenales.

La voz de Dios o patología psicológica

La comunicación con Dios y sus Ángeles es escuchar las palabras más dulces y amorosas que podemos oír, y no significa una patología. Es la conexión con el amor.

Pero también hay comunicación con espíritus negativos e ignorantes que nos van a querer tomar el pelo. Casi todos los espíritus tratan de ayudarnos a comunicarnos con ellos. Si nosotros lo permitimos nos pueden hacer daño físico y psicológico por nuestro miedo.

Las alucinaciones patológicas por otra parte son marcadas por un patrón de conducta psicológica que se repiten durante la presencia de la enfermedad, acompañada por otros síntomas y particularmente con la perturbación de conciencia o de estar consciente, pero no alerta. No estamos conscientes de lo que pasa a nuestro alrededor, no estamos orientados. Las personas psíquicas, médiums, con capacidades paranormales, por lo contrario, tienen episodios de ver, escuchar y sentir lo que ha pasado, está pasando, o puede pasar en otras dimensiones. Estos episodios están desconectados de cualquier enfermedad psicológica o perturbación de la identidad. Los episodios psíquicos no están nunca acompañados de pérdida de contacto con la realidad como en los casos de una patología psicológica mental o psicológica como la esquizofrenia. (Hablar con los espíritus es un reto para poder entender su nivel de vibración e iluminación). (Vamos a encontrar espíritus ignorantes y burlones, pero no indica una patología psicológica).

Trabajadores de la luz: Propósito

¿Cuál es el propósito de los trabajadores de la luz?

El trabajador, ayuda a extender el amor y va en una búsqueda que le lleva al encuentro de su propio Ser antes de emprender ese camino como carrera. También se hace preguntas:

> ¿Me puedo mantener en esta misión y al mismo tiempo suplir mis necesidades económicas?, ¿Es esta mi verdadera misión?
>
> ¿Es mi misión de vida colectiva ayudar a personas de diferentes maneras?
>
> Los trabajadores de la luz se expanden y sirven a muchas personas. Los niños índigos, cristales, arcoíris, etc. son Ángeles terrenales que vienen con dones naturales para ayudar a los demás y a la evolución del planeta. También ayudan a sanar el dolor cuando un Ser querido muere.
>
> Cuando sientes la necesidad de ayudar a los demás y al mundo al cambio, eres ya un trabajador de la luz. Los trabajadores de la luz tienen destinada una misión, un propósito importante. Se interesan por hacer algo por el mundo, quieren que todos estén felices y saludables. Tienen una gran sensibilidad y la intención de ayudar con amor.

La Fe y la Seguridad

Si se piensa en una carrera seria en el mundo espiritual para que nos ayude a pagar los gastos, esto no es un sueño, es una realidad. ¡Hay que tomar acción, aunque no es fácil, oración=acción, se puede! Los trabajadores de la luz son personas sensibles, pueden recibir energías en todas partes; ellos responden a través de sentimientos, pensamientos de las demás personas. Sobre todo, en una habitación cerrada.

Los trabajadores de la luz también son sensibles a temperaturas, químicos, contaminación ambiental, ruidos, olores. Son receptores a la presencia angelical, espíritus y Seres de luz. Ellos son sensibles a las opiniones de los demás. Esta sensibilidad es un don que hay que trabajar. Ellos son constantes, siempre trabajan y ayudan, aunque uno no se dé cuenta.

En otras vidas han podido ser curanderos, hechiceros, sanadores, sacerdotisas, médiums, alquimistas, astrónomos, astrólogos en diferentes categorías. En el pasado lamentablemente no fueron bien recibidos. Hubo mucha crueldad, cacería de brujas en la inquisición. Había mucha ignorancia ya que solo se creía en lo que se podía ver y palpar físicamente.

La religión

La espiritualidad ya estaba escrita por personajes importantes en diferentes religiones. Las personas de poder, reyes, sacerdotes, etc., llegaban al poder y cambiaban los escritos originales y los adaptaban a sus creencias. A los trabajadores de la luz en esa época se les acusaba de las pérdidas de las cosechas, de las plagas, terremotos y todo desastre natural.

Para mantenerse vivos, tenían que ser castigados o sometidos a abusos extremos. Ellos desarrollaron una sensibilidad hacia otras personas, pero igual de miedo. Estas personas trabajaban la felicidad en los demás, pero no eran comprendidos. Desarrollaron un mecanismo de defensa por el miedo a ser juzgados.

Es por esto por lo que los canalizadores/médiums/psíquicos actuales traen un miedo grabado en el periespíritu porque antes los castigaban y los rechazaban. Podemos caer en el querer "agradar" para no sentir rechazo (mecanismo de defensa y sobrevivencia de la época de la inquisición).

Gracias a Dios, actualmente los tiempos han cambiado y los canalizadores son aceptados en la sociedad.

Consejos para los médiums

Debemos tomar en cuenta que dar y recibir es lo mismo, y hay que recibir (sentirnos merecedores) para que fluya la energía.

No hay que sentirse obligado a dar cuando recibimos, pero siempre hay que dar de la misma manera en que recibimos.

Muchas personas no se sienten bien para recibir, si no son ellos los que están dando. La mejor manera de eliminar la baja autoestima es trabajar y adentrarse en el mundo espiritual, confiando en su capacidad y apoyo de la luz de Dios y sus Ángeles.

Oración a Dios y sus Ángeles

"Señor Dios, te doy gracias por mandar a tus amados Ángeles a brindarme siempre su ayuda y su protección en los momentos de enfermedad o necesidad.
Gracias por siempre sentir tu protección Divina a mi alrededor.
Gracias por cuidar mi cuerpo, mi mente y mi espíritu.
Gracias por cuidar de mi familia, de mis amigos, gracias por cuidar del mundo.
Te doy gracias, Señor por mandar a tus Ángeles, esa luz Divina y perfecta a proteger al mundo y a brindarme a mí la fortaleza para llevar luz y esperanza al hermano en necesidad.
Gracias, Señor por mandar a Tus Ángeles para que yo hoy pueda decir, Soy sana, Soy Salva, Soy Santidad.
Gracias, Señor, por poder decir siete Arcángeles en frente de mí, siete Arcángeles atrás de mí, siete Arcángeles a mi derecha, siete Arcángeles a mi izquierda, siete Arcángeles arriba de mí, y siete Arcángeles abajo de mí, protegiéndome de todo mal y todo peligro. En el nombre del Padre, del Hijo y del Espíritu Santo. Así sea, Así ya es, Amén".

Despedida

Antes de despedirme, quiero decirte que es muy importante darte cuenta de lo grande y lo valioso que eres como Ser, como ese Ser creado a la imagen y semejanza de Dios. Nunca olvides que Dios y sus Ángeles están aquí para guiarnos siempre en el camino del amor. Para socorrernos en momentos de tribulación. No tengas miedo de hablar con Dios y la mejor manera que tienes o que tenemos para hablar con Dios es a través de sus Ángeles. Esta es la razón por la que fueron creados, para ser los delegados de Dios en la tierra y otras dimensiones. Ellos son los mediadores que están ayudándonos para que la dualidad no pese demasiado.

Yo siempre les he dicho que es importante estar en la conciencia del Ser y no en el olvido del Ser y para estar en la conciencia del Ser necesitamos ir dentro de nosotros mismos a buscarnos, a encontrarnos, a reconocernos y aceptarnos tal como somos, benditos hijos de Dios. Cuando nosotros estamos viviendo en la conciencia del Ser somos capaces de reflexionar y en esa reflexión, podemos percibir nuestra luz.

Nos damos cuenta de nuestra grandeza, nuestro poder, el poder que hay en nosotros, que es el poder de Dios. Por eso podemos decir que somos creatividad en movimiento, somos Paz, somos Luz, y somos Amor.

Somos conciencia infinita del Padre, consecuentemente, todo lo que nosotros queremos, lo podemos lograr, porque ya se nos ha dado. Los milagros existen, los milagros se están dando a cada instante, están ahí enfrente de nosotros. Solamente necesitamos quitarnos la venda de los ojos, abrir nuestro corazón y aceptar las bendiciones del Padre. Para poder ver esos milagros manifestarse como bendiciones en nuestras vidas, necesitamos estar viviendo en la conciencia del Ser y no en el olvido del Ser. Porque cuando estamos viviendo en la conciencia del Ser hemos dejado el vacío existencial, lo hemos llenado y no estamos en búsqueda, ya nos hemos encontrado, nos hemos reconocido y nos hemos aceptado tal como somos. Pero si no estamos viviendo en la conciencia del Ser, sentimos ese vacío existencial, esa falta. Sentimos que no somos completos porque no hemos encontrado nuestra propia luz. Así es que, si tú quieres vivir una vida plena, completa y feliz, ve y, búscate, encuéntrate, reconócete y acéptate tal como eres, creación, fuente infinita de Dios y verás los milagros manifestarse en tu vida.

Todo es posible cuando confías en la bendita gracia de Dios. ¡Bendiciones infinitas para todos!

Agradecimientos

Mi gratitud y agradecimiento completo es para Dios Hijo, Dios Padre, Dios Espíritu Santo. Para la Divinidad, Padre, Madre, Infinito.

Agradezco a todos los Ángeles, a los siete Arcángeles, a mi Ángel de la guarda que siempre ha estado a mi lado. Doy gracias a mis Guías Espirituales que siempre han estado a mi lado guiándome en el camino material y en este bendito camino espiritual.

Doy gracias a mis padres por haberme dado la vida y haber cuidado de mí. Gracias por enseñarme los principios morales y brindarme su apoyo en mi crecimiento espiritual.

Doy gracias a mi esposo Mike, a mis tres hijas, Yesica, Aleyda y Wendy, y a mis tres nietos, Rachel, Ender y Athena, por brindarme su amor incondicional.

Doy gracias a Sandra Cisneros Reyes que es mi amiga, mi hermana, mi confidente. Gracias por siempre estar ahí para escucharme, gracias por tanto amor.

Gracias a la Lic. Sandra Cisneros Reyes, por su trabajo como editora, diseñadora de portada y del interior. Gracias por su esfuerzo, profesionalismo y dedicación.

Doy gracias a mis amistades por haber estado ahí siempre confiando en mí. Doy gracias a todos esos estudiantes certificados alrededor del mundo porque hemos sido maestros y estudiantes a la vez.

Gracias por la confianza a cada paciente que ha buscado mi consulta porque hemos sanado juntos con el amor de Dios y sus Ángeles.

Gracias a todos mis profesores, desde primer grado de primaria hasta mi especialización universitaria como doctora en psicología clínica.

Gracias a la Licenciada Olga Tania Albelo por su paciencia y poner estos escritos en orden.

Gracias a Carmen Getchell y Alba Luz Castellanos por su amistad.

Y para finalizar doy gracias al Maestro Jesús que ha sido uno de mis grandes guías espirituales al igual que a mi Amado Arcángel Miguel. Gracias, muchas gracias.

Opiniones sobre Dra. Blanca Quiñones

A continuación, se muestran textualmente algunas de las opiniones emitidas por estudiantes de Dra. Blanca Quiñones en internet:

Morena Roque
"La Dr. Blanca Quiñones es una excelente profesional. Tuve el honor de ser parte de dos diplomados cuales fueron explicados pasó por paso en los que aprendí mucho. Fue una experiencia de aprendizaje en el cual tuve la oportunidad no solamente de escuchar y aprender, pero poner en práctica lo que me enseñó. La doctora tiene la paciencia de explicar y se asegura que sus estudiantes entiendan los pasos necesarios para ser unos grandes terapeutas. Espero tomar otros diplomados con ella y la recomiendo al 100%."

lisbethsita gonzales
"Sus clases son hermosas, muy sanadoras, liberadoras y sobre todo aprendes de una manera didáctica. La Maestra nos da todo su conocimiento y amor en la clase. Recomiendo ampliamente estas clases porque no solo desarrollas habilidades psiquicas también profesionales, personales y recibes bendiciones. La maestra es un ángel terrenal."

Angel Garcia
"Estudiar con la doctora Blanca Quiñones, ha sido una de las experiencias más hermosas de mi vida, no solo me ayudó a sanar personalmente, también me enseñó con amor a ayudar a las personas, siempre desde el amor y la ética profesional que le caracteriza, estudiar y aprender con la doctora siempre será

una de las mejores decisiones en mi vida, gracias al aprendizaje y a su ayuda, hoy soy una persona totalmente distinta y poco a poco he podido aportar mi granito de arena con mis pacientes en su proceso de sanación, solo tengo palabras de amor y agradecimiento para la doctora, muchas gracias y bendiciones infinitas."

Graciela Murabito
"Positivo: Calidad, Comunicación, Profesionalismo
Exelentes conocimientos, mucha experiencia y muy bueno el entrenamiento para poner en práctica lo aprendido! Verdadero canal de luz y amor! Médium inigualable!
La doctora Blanca Quiniones es un ejemplo a seguir, su experiencia, respeto y disciplina agrega valor a sus cursos!
La recomiendo con por ciento!"

Alba Castellanos
"Felicidades a la Doctora Blanca Quiñones en este día que es el día del maestro , le doy las gracias por compartirme su sabiduria como sanadora con ángeles, con arcangeles, como midium, como angeologa y yo se las recomiendo como maestra , como guia profesional y como persona ,con un gran corazon que no cabe en su pecho, un gran ser humano se las recomiendo profesionalmente. Muchas gracias"

nubia guerra
"La mejor profesora que he tenido, he tenido el placer de estar en 3 de sus clases y puedo decir que he aprendido mucho con ella, no solo en las clases sino como persona, siempre es amable, respetuosa y atenta. en todo momento, muy profesionales en todo lo que hace, lo recomiendo ampliamente."

Iram Talavera
"Súper agradecida con la Dr. Blanca Quiñones por haberme ayudado a encontrar respuestas sobre mi problema, encontré las respuestas que por años no podía encontrar, con mucha ética profesional la Dr. Blanca Quiñones"

Información obtenida textualmente de: Opiniones en Google sobre Dr. Blanca Quiñones Angel Therapy (google.com).

Bibliografía

Agustín de Hipona, Enarrationes in Psalmos, 103ss PL 37, cols. 1348-1349.

André Luiz (Chico Xavier libros psicográficos).

Apócrifos (conceptodefinicion.de) Consultado el 4 de febrero del 2023.

Apuntes de trabajo (Dra. Blanca Quiñones).

Bodhisattva (Nyanatiloka, 1980, p. 40).

Chico Xavier, l'homme et le médium (2010), 1ª Edición, diciembre 2021.

DEMBECH, GIUDITTA (1996) *El gran libro de los ángeles*, Ediciones Obelisco, Barcelona.

Diccionario etimológico (etimologias.dechile.net).

Dr. Blanca Quiñones Angel Therapy (google.com).

El libro de Henoch. (2003) Prol. y notas de Julio Peradejordi, Ediciones Obelisco, Barcelona.

Kardec, A. (1969). El libro de los espíritus. Fehak.

Manuscritos del Mar Muerto (es.m.wikipedia.org).

Los esenios (worldhistory.org).

Ritual de la cruz cabalística (vdocuments.net).

Ruiz Rivero, M.E. (2021) Jerusalén de Oro. La ciudad eterna. Editor Ruiz Rivero.

Santa Biblia Reina – Valera (1960) RVR.

Singer, T. (2004) Los 72 Ángeles: La luz del Universo: Como Hacerte Amigo de tu ángel Celestial. Editorial Obelisco.

Teología Sistemática (teologíalatinoamericana.com).

The Holy Bible Douay – Rheims Version, Saint Benedict Press.

Zohar. (2004) *El libro del esplendor*, Ediciones Obelisco, 3ª edición, Barcelona.

La familia de **"Spiritual World Publishing"** espera que ustedes hayan disfrutado de este libro: *"MANUAL ESPIRITUAL: Las enseñanzas de Dra. Quiñones"*.

Si quieren recibir información o conocer más acerca de "Spiritual World Publishing", pueden contactarnos en nuestra casa publicitaria.

SPIRITUAL WORLD PUBLISHING
BQUINONES, LLC
500 N RAINBOW BLVD, SUITE 300,
LAS VEGAS, NV 89107
TEL. 702 538 2785
SPIRITUALWORLDPUBLISHING@GMAIL.COM
WWW.SPIRITUALWORLDPUBLISHING.COM

Notas

Notas

www.ingramcontent.com/pod-product-compliance
Lightning Source LLC
Chambersburg PA
CBHW020757160426
43192CB00006B/358